DIEZ PROMESAS MILAGROSAS

EL PODER MARAVILLOSO DE LOS DIEZ MANDAMIENTOS

FRANK GONZÁLEZ

Pacific Press® Publishing Association

Nampa, Idaho

Oshawa, Ontario, Canada

Redacción: Miguel Valdivia
Portada: Corel©
Diseño del interior: Alfredo Campechano
Diseño de la portada: Tim Larson

A no ser que se indique de otra manera, todas la citas
de las Sagradas Escrituras están tomadas de la versión
Reina-Valera, revisión de 1960

Editado e impreso por
PUBLICACIONES INTERAMERICANAS
División Hispana de la Pacific Press® Publishing
Association
P. O. Box 5353, Nampa, Idaho 83653,
EE. UU. de N. A.

Primera edición: 2000
120.000 ejemplares en circulación

ISBN 0-8163-9433-4
Printed in the United States of America

01 02 03 04 05 • 5 4 3 2 1

*Dedico este libro a mis padres, mi primera ley
moral y reflejos fieles de la verdadera.
"Bienaventurado el hombre que teme a Jehová,
y en sus mandamientos se deleita en gran manera"
(Salmo 112:1)*

Contenido

INTRODUCCIÓN

Escribo estas palabras en enero. Enero es el mes de la transformación. Enero siempre es joven. En enero vuelven los ideales. En enero nos creemos capaces de todo: de cualquier aventura arriesgada; de cualquier acto heroico. En enero somos invencibles y por eso llueven las promesas. Nos comprometemos con dietas frugalísimas, nos endeudamos comprando aparatos caros para hacer ejercicios, con la ilusión de que nos devuelvan la esbelta figura que una vez poseímos (cuando el mundo era joven). En enero el amor promete el sol, la luna y las estrellas; en enero renace la esperanza.

Cada enero queremos hacer lo que nunca hemos hecho y ser lo que jamás hemos sido. Esto no es malo; hay mucha sinceridad en nuestras promesas. Sin embargo, ya hemos recorrido ese terreno antes. En pocos meses descubrimos que en nuestras promesas hay harta sinceridad, pero nos falta poder para realizarlas.

El pueblo que Dios libró de Egipto fue sincero cuando declaró: "Haremos todo lo que el Señor ha ordenado" (Éxodo 24:3). El apóstol Pedro prometió con igual sinceridad a su Maestro: "Aunque todos se escandalicen, yo no" y "aunque tenga que morir contigo, no te negaré" (S. Marcos 14:29, 31). Ambos sufrieron amargos fracasos, ¿por qué? Muy sencillo, no hay poder en nuestras promesas. El librito *El camino a Cristo* lo pone así: "Vuestras promesas y resoluciones son tan frágiles como telarañas" (p. 47).

Hay otro camino más excelente que el de nuestras promesas. Hoy podemos descubrirlo. Hoy podemos romper ese círculo vicioso de *promesas no cumplidas y votos quebrantados.* Hoy podemos traer el poder de Dios a nuestras vidas. ¿Cómo? Creyendo en promesas que *sí* tienen poder: ¡las de Dios! El Evangelio consiste *no en hacer promesas a Dios,* sino más bien en creer en *las promesas de Dios.* Un himno expresa esta gran verdad con estas hermosas palabras:

> *Todas las promesas del Señor Jesús*
> *el Señor por su palabra cumplirá.*
> *Grandes, fieles, todas las promesas que el Señor*
> *ha dado.*
> *Grandes, fieles, en ellas yo por siempre confiaré.*

Dios no está comprometido con nuestras promesas, pero *sí* lo está con las suyas. Pedro salió del hundimiento producido por sus votos quebrantados, valiéndose de una promesa de Jesús, quien le había predicho su fracaso, pero también le había anticipado una salida, cuando declaró: "Simón, Simón, Satanás os ha pedido para zarandearos como a trigo. Pero yo he rogado por ti, que tu fe no falte. Y tú, una vez vuelto, confirma a tus hermanos" (S. Lucas 22:31, 32). Un perdón por adelantado, y una comisión.

¡Qué buenas son las promesas de Dios! Esa promesa de Dios a Pedro devolvió la vida y la paz a su ánimo moribundo y a su alma inquieta. Pedro creyó en la promesa de Jesús, y esa fe cambió su vida. Hoy también las promesas de Dios pueden devolvernos el frescor de un eterno enero.

Frank González
Simi Valley, California

DIEZ PROMESAS MILAGROSAS

Yo soy Jehová tu Dios, que te saqué de la tierra de Egipto, de casa de servidumbre.

I

No tendrás dioses ajenos delante de mí.

II

No te harás imagen, ni ninguna semejanza de lo que esté arriba en el cielo, ni abajo en la tierra, ni en las aguas debajo de la tierra.

No te inclinarás a ellas, ni las honrarás; porque yo soy Jehová tu Dios, fuerte, celoso, que visito la maldad de los padres sobre los hijos hasta la tercera y cuarta generación de los que me aborrecen, y hago misericordia a millares, a los que me aman y guardan mis mandamientos.

III

No tomarás el nombre de Jehová tu Dios en vano; porque no dará por inocente Jehová al que tomare su nombre en vano.

IV

Acuérdate del día de reposo para santificarlo,

Seis días trabajarás, y harás toda tu obra; mas el séptimo día es reposo para Jehová tu Dios; no hagas en él obra alguna, tú, ni tu hijo, ni tu hija, ni tu siervo, ni tu criada, ni tu bestia, ni tu extranjero que está dentro de tus puertas.

Porque en seis días hizo Jehová los cielos y la tierra, el mar, y todas las cosas que en ellos hay, y reposó en el séptimo día; por tanto, Jehová bendijo el día de reposo y lo santificó.

V

Honra a tu padre y a tu madre, para que tus días se alarguen en la tierra que Jehová tu Dios te da.

VI

No matarás.

VII

No cometerás adulterio.

VIII

No hurtarás.

IX

No hablarás contra tu prójimo falso testimonio.

X

No codiciarás la casa de tu prójimo, no codiciarás la mujer de tu prójimo, ni su siervo, ni su criada, ni su buey, ni su asno, ni cosa alguna de tu prójimo.

Capítulo 1

DIEZ PROMESAS DE MILAGROS

Yo soy Jehová tu Dios, que te saqué de la tierra de Egipto, de casa de servidumbre. No tendrás dioses ajenos delante de mí. Éxodo 20:2-3.

Correctamente comprendido, el bien conocido Decálogo —los Diez Mandamientos de Dios— que muchos consideran una lista de cosas agradables que están prohibidas —"no harás esto o aquello"—, resulta ser algo completamente distinto. Son diez milagrosas promesas de gozo que Dios nos hace, si estamos dispuestos a creer que el Decálogo contiene las buenas nuevas del Evangelio. Este descubrimiento aligera pesadas cargas dondequiera se lo conoce.

Por ejemplo, el mandamiento: "No hurtarás", lo que realmente quiere decir es que Dios nos salvará de hurtar aunque sea un cordón de zapatos. Nunca tendremos problemas con esto, aunque estemos solos en la tesorería, con un millón de dólares sobre el escritorio. Dios nos salvará de hurtar.

Y cuando dice: "No cometerás adulterio", lo que quiere decir es que Dios nos salvará de caer en ese pozo cenagoso, no importa cuán atractiva pueda ser una tentación sexual. Así nos libraremos de toda clase de miserias. Los Diez Mandamientos llegan a ser lo que la mayor parte de la gente nunca se había imaginado: diez promesas de milagros. Y las estudiaremos una por una, en forma detenida.

Este descubrimiento de buenas nuevas inesperadas es muy reciente. Es el tema de conversación en algunos de los círculos más exclusivos en que se mueven los estudiosos de la Biblia. Estos sabios se han comenzado a dar cuenta de que, así como el Internet es un descubrimiento que ha revolucionado las comunicaciones modernas, del mismo modo este descubrimiento va a revolucionar la predicación del Evangelio en todo el mundo. La gente está despertando del sueño. ¡Los Diez Mandamientos se han convertido en buenas noticias! Por fin podemos experimentar la libertad que expresa el salmista de la Biblia, cuando declara: "¡Cuánto amo yo tu ley! Todo el día es ella mi meditación. Me has hecho más sabio que mis enemigos con tus mandamientos... Más que todos mis enseñadores he entendido... Más que los viejos he entendido… ¡Cuán dulces son a mi paladar tus palabras! Más que la miel a mi boca. De tus mandamientos he adquirido inteligencia; por tanto, he aborrecido todo camino de mentira" (Salmo 119:97-104). ¡Qué milagro!

Casi todos, aun los que van a la iglesia, mantienen una relación contradictoria con los Diez Mandamientos, parte odio y parte amor. Esos diez preceptos grabados en frías tablas de piedra nos han parecido una pesada carga , pesadas prohibiciones que parecían quitarle todo el gozo a la vida. Todo lo atractivo e interesante parecía estar prohibido.

Sin embargo, en lo profundo de nuestros corazones hemos tenido la persistente convicción de que no es correcto quebrantar la ley divina. Pero no lográbamos hallar la manera de guardarlos. Parecían demasiado difíciles, como si Dios hubiera mandado a Moisés con esas pétreas prohibiciones sólo con el fin de echar a perder nuestra alegría. Pero ahora viene esta revelación extraordinaria: ¡son diez promesas de victoria! Todo lo que tenemos que hacer es creer en lo que dice el que las hace.

Es probable que hayamos estado citando incorrectamente los Diez Mandamientos. Los que nos los enseñaron cuando éramos niños, por lo general, dejaron de lado el versículo que Dios colocó al comienzo de la lista. Si lo eliminamos, el Decálogo se convierte verdaderamente en malas noticias; pasa a ser una lista de prohibiciones, un yugo de esclavitud. La gente, y hasta los sacerdotes y maestros, no han logrado comprender cuán importante es no omitir ese pasaje. Aún algunos que pretenden ser especialistas en predicar la ley de Dios, no lo han visto. Aquí está el versículo que debe hallarse al comienzo de toda versión correcta de los Diez Mandamientos:

"Y habló Dios todas estas palabras, diciendo: Yo soy Jehová tu Dios, que te saqué de la tierra de Egipto, de casa de servidumbre" (Éxodo 20:1, 2).

¡En otras palabras, Dios comienza dándonos *Buenas Nuevas*! Aquí hay cuatro verdades con el poder de la dinamita, que pueden conmover el mundo:

Primera: Dios nos revela su verdadero Nombre: "El SEÑOR". En hebreo es Yavé (algunos lo han modificado y dicen: "Jehová"), un nombre muy especial que incluye algo muy bueno que necesitamos comprender. El nombre de Jesús en hebreo significa "Jehová *salva*". Dios se identifica como "el Salvador del mundo" (S. Juan 4:42). No nos dice: "Yo soy tu Juez, un severo capataz, tu Legislador que castigará cualquier transgresión que hagas". ¡No, mil veces no! En cambio, nos dice: "Yo Soy tu Salvador, tu Amigo. Estoy de tu parte. Aquí te traigo algo bueno".

Segunda: Este versículo ignorado nos dice que él es Dios de todo ser creado: "Yo Soy el Señor *tu* Dios". Ese "tu" se refiere a ti, quienquiera que seas. Quizás digas, "lo siento, pero yo nunca lo he adorado. Soy un pagano, un ateo, o un gran pecador. No merezco que me traiga ninguna Buena Nueva, como tampoco merecería que alguien me regalara un millón de dólares". Pero a pesar de ello, Dios te dice: "Yo Soy… *tu* Dios. Te pertenezco aunque no me hayas conocido antes, y hayas actuado como mi enemigo. Yo soy 'el Dios de toda carne'; y cuando los hombres me crucificaron, oré diciendo: 'Padre, perdónalos, porque no saben lo que hacen'". Esto te incluía a ti, amigo lector. ¡Dios te perdonó a ti antes que tú se lo pidieras! Antes que Dios pronunciara el primero de sus mandamientos, predicó el Evangelio en esas palabras preliminares. Cuando Jesús nos enseñó a orar diciendo: "Padre nuestro que estás en el cielo", lo hizo porque deseaba que todos nosotros, no importa cuán malos fuéramos, aprendiéramos a sentir y creer que Dios es nuestro Padre.

Tercera: En su preámbulo, Dios nos dice que el

Egipto espiritual no tiene por qué ser nuestra tierra. Esto es cierto aun cuando todos nacimos allí. La tierra de oscuridad no es nuestro verdadero hogar. Por eso Dios habla en tiempo pasado. Dice: "Yo... *te saqué* de Egipto, de casa de servidumbre". Ya te he librado; pero estás como un preso acurrucado en su celda, sin darse cuenta de que las puertas de su prisión están abiertas. El precioso mensaje de esta introducción a los Mandamientos debe llevarnos a exclamar: "Oh Jehová, ciertamente yo soy tu siervo, hijo de tu sierva, tú has roto mis prisiones" (Salmo 116:16). Sepamos esto, y creámoslo, antes de preocuparnos de los "No", es decir, de las prohibiciones.

Cuarta: Dios ya nos ha sacado de la "casa de servidumbre". Así como escogió a Israel para que fuera su "hijo", del mismo modo nos ha escogido a nosotros en Cristo. Israel nunca fue verdaderamente "esclavo" en Egipto. Los egipcios los hicieron pensar que eran esclavos; por eso fueron, equivocadamente, esclavos. Pero, en realidad, eran un pueblo libre que sólo esperaba que Moisés les dijera la verdad: "¡Levántense y vayan a su propia tierra!"

Lo que el mundo espera escuchar es la verdad del mensaje de Dios en toda su plenitud. El Padre envió a su Hijo con una misión específica: *¡salvar el mundo!* Poco antes de su crucifixión, Cristo oró a su Padre, diciendo: "He acabado la obra que me diste que hiciese" (S. Juan 17:4). Si hubiera fracasado en su intento de salvar al mundo, ¿cómo podría haber orado así? Los samaritanos fueron los primeros en creer la verdad. Por eso dijeron: "verdaderamente éste es el Salvador del mundo" (S. Juan 4:42). San Juan dijo que el sacrificio de Cristo era la expiación "por los [pecados] de todo el mundo" (1 S. Juan 2:2). San Pablo dice que es "Salvador de todos los hombres" (1 Timoteo 4:10), y que ya ha traído salvación "a todos los hombres" (Tito 2:11). ¡Estas expresiones nos incluyen a todos!

¿Cómo pueden ser verdad estas buenas nuevas tan grandes? Pablo dice que, tal como Adán, nuestro primer padre, que fue la primera cabeza de la raza humana, trajo la "condenación" a "todos los hombres", así también Cristo, nuestro segundo Adán, ha traído "a todos los hombres" un veredicto de "justificación" que da vida (Romanos 5:15-18). Esto no significa que "todos los hombres" van a ir automáticamente al cielo. Significa, sencillamente, que cuando Cristo murió en la cruz, murió por "todos los hombres". ¡Todos están incluidos! ¡Todos pueden creer! y a menos que ellos no crean y desperdicien la salvación que Dios ya les ha dado "en Cristo", serán eternamente salvos.

Dios le ha dado a toda la raza humana un nombre: "Adán". Ningún ser viviente ha nacido en el planeta Marte. Por naturaleza, todos estamos "en Adán". Pero el padre envió a su hijo al mundo para que se convirtiera en nuestro nuevo Adán, que tomara el lugar del primero. ¡Dios no puede negar a su propio Hijo! Por lo tanto, ha adoptado a toda la raza humana "en Cristo". Es como si Jesús nos llevara a su casa a cenar, y el Padre dijera: "Bueno, tráelos; los quiero adoptar a todos". Cuando Jesús fue bautizado en el río Jordán, se oyó una voz que decía: "Este es mi Hijo amado, en quien tengo contentamiento". ¡Esa voz te abrazó a ti al mismo tiempo! (S. Mateo 3:17). ¡Todo esto va incluido en el preámbulo de los Diez Mandamientos! ¡Quizás hemos estado en "Egipto" toda nuestra vida, sin conocer nuestra verdadera libertad en Cristo!

Para muchos, el primer mandamiento parece ser el más difícil de obedecer. Dice así: *"No tendrás dioses ajenos delante de mí"* (Éxodo 20:3).

Veamos ahora cómo se convierte en una promesa de Buenas Nuevas. El tener "otros dioses delante" del Señor, puede incluir cualquier cosa o persona que capture la devoción de nuestro corazón en lugar de la que le debemos a él. Podemos sonreír ante la constante tentación que sentían los israelitas, de adorar a esos ídolos inanimados de madera o piedra, o aun de oro y plata. ¿Cómo podían ser tan necios?

El problema era que se imaginaban que esos objetos inútiles podían darles felicidad, de modo que en sus mentes los ídolos asumían un aura de "santidad". Isaías describe cuán necia es esa práctica: "El artífice prepara la imagen de talla, el platero le extiende el oro, y le funde cadenas de plata". "Parte del leño quema en el fuego... se calienta... y del sobrante hace un dios, un ídolo. Se postra delante de él, lo adora, y le ruega diciendo: 'Líbrame'" (Isaías 40:19; 44:16, 17). ¡Qué ridículo!

Nosotros también nos imaginamos que nuestros ídolos modernos nos harán felices. Un nuevo Rolls Royce; una casa nueva; un millón de dólares en el banco; algún hombre o mujer que Dios nunca nos dio (¡"No puedo vivir sin él o ella!"); los deportes; una carrera egoísta. La lista de nuestros ídolos es interminable. Todos tenemos nuestras tentaciones particulares de poner "otros dioses delante" del verdadero.

"¡Pero la atracción es intensa!", dirá alguien. ¿Cómo podemos dominar la infatuación?

Aquí están los buenas nuevas: cuando comprendemos y creemos lo que dice el inspirado preámbulo de los

Diez Mandamientos, cuando apreciamos lo que el Hijo de Dios ha hecho por nosotros, toda esta moderna idolatría pierde su encanto. Ya no cautivan nuestra alma las cruces de oro, plata o madera que vemos en las iglesias; ahora nos motiva la comprensión del amor de Dios que se reveló en su cruz. Por fin vemos que nuestros ídolos son sólo cenizas.

Amigo lector, es posible que en este momento esté usted luchando con alguna tentación arrolladora en su corazón, algo que realmente no necesita; tal vez alguna persona ajena a su matrimonio, en lugar de su verdadero Salvador. Antes que decida sacrificar su alma, Dios le muestra en un destello, cuán maravilloso es el cielo. Le revela las verdaderas riquezas de su salvación "en Cristo". Antes que usted adore algún "ídolo" terrenal, él le muestra cuán preciosa es su amistad eterna. Antes que busque usted realizarse con alguna infatuación prohibida, le muestra el valor eterno del amor verdadero. Le revela un destello de la gloria eterna de la cruz de Jesús.

"Yo soy Jehová tu Dios, que te saqué de la tierra de Egipto, de casa de servidumbre". ¿Cómo podríamos ser tan necios como para dejar que cualquier cosa de "Egipto" nos confunda y desoriente?

Moisés vivió en Egipto. Pero el libro bíblico de Hebreos 11:24-26 cuenta cómo la promesa de esa preciosa introducción lo salvó de enredarse en las atracciones que ofrecía ese idolátrico nido de esclavitud: "Por la fe Moisés, ya grande, rehusó llamarse hijo de la hija de Faraón [es decir, le dio la espalda a una carrera egoísta], escogiendo antes ser maltratado con el pueblo de Dios, que gozar los deleites temporales del pecado, teniendo por mayores riquezas el vituperio de Cristo que los tesoros de los egipcios, porque tenía puesta la mirada en el galardón".

La Biblia nos dice que a Moisés se le concedió una resurrección especial, y hoy está en el cielo (Judas 9). Pensemos dónde estaría Moisés, si no hubiera mirado "el galardón". Usted y yo podríamos pagar hoy unas monedas para entrar a algún museo del Cairo, y ver allí su momia apolillada, entre las de otros "grandes" faraones, de los cuales se separó tan sabiamente.

Dios nunca nos pide que dejemos algo sin antes mostrarnos cuán precioso es el don que ya nos ha brindado. Quizás podamos expresarlo de este otro modo: Dios nunca nos pide que dejemos un autito plástico de juguete, sin antes mostrarnos que ya nos ha dado un Rolls Royce nuevo, de verdad. Nunca nos pide que tiremos una vieja muñeca de trapo sin antes poner en nuestros brazos un precioso bebé lleno de vida. Nunca te pedirá que vuelvas la espalda a las astutas falsificaciones de Satanás si primero no te ha mostrado cuán precioso es Cristo tu Salvador.

¡Oh, sí! Ser herederos de las riquezas del universo "en Cristo", por toda la eternidad... Es por esto que *no podemos* colocar ningún otro "dios" delante del Señor, si de veras *creemos la verdad del Evangelio.* La fe es como la dinamita; es poderosa. Da resultados. ¡Nos salva antes de pecar! ¡Nos libra *de* pecar!

En Gálatas 5:16 y 17 encontramos esta pequeña gema de verdad. Dice que si dejamos que el Espíritu Santo nos lleve de la mano, por haber nosotros escogido caminar con él, ya no haremos lo malo que quisiéramos hacer.

Déjate guiar por el amante Dios cuyo Espíritu te transformará, de modo que ya no podrás hacer lo que antes te separaba de él. Que su amor sea tu defensa ahora y para siempre.

Capítulo 2

LA PROMESA
DE UN DIOS CERCANO

No te harás imagen, ni ninguna semejanza de lo que esté arriba en el cielo, ni abajo en la tierra, ni en las aguas debajo de la tierra. No te inclinarás a ellas, ni las honrarás; porque yo soy Jehová tu Dios, fuerte, celoso, que visito la maldad de los padres sobre los hijos hasta la tercera y cuarta generación de los que me aborrecen, y hago misericordia a millares, a los que me aman y guardan mis mandamientos. Éxodo 20:4-6.

*A*l investigar con atención las buenas nuevas que hallamos en el Decálogo descubrimos que éstas, en realidad, no son diez prohibiciones frías y pesadas, sino que se trata de diez promesas de felicidad.

La gente —hasta los sacerdotes y pastores— a menudo deja de lado una parte vital de la Ley de Dios. Se trata del preámbulo, que dice: *"YO SOY el Señor tu Dios, que te saqué de la tierra de Egipto, de casa de servidumbre"*. Nos trae buenas nuevas aun antes de leer el primero de los Diez Mandamientos, pues Dios quiere que sepamos las buenas nuevas antes de recibir la ley.

El Señor nos dice que es nuestro Dios, nuestro Salvador, aun antes que lo conociéramos, aun cuando estábamos viviendo en la oscuridad, lejos de él. El nombre mismo de Jesús proclama: "YO ya SOY tu Salvador".

Al perdonar Jesús a los que lo crucificaron, reveló ser lo que los samaritanos dijeron que era, a saber, "el Salvador del mundo" (Juan 4:42). Hay una sola forma de comprender esta expresión, y es aceptar que ya es nuestro Salvador, que ya nos ha sacado de la esclavitud de "Egipto": la culpabilidad, el temor, la preocupación acerca del futuro, en fin, la prisión del pecado. Lo que todos necesitábamos es el conocimiento de esas buenas buevas. Sin ellas, no podemos guardar la santa ley de Dios, pero si las conocemos, sí podemos.

Una vez que hemos visto y creído la verdad acerca de lo que el Hijo de Dios logró con su sacrificio en la cruz, ya no podemos adorar a ningún otro "dios" en lugar de nuestro verdadero Creador y Redentor, el Dios de la Santa Biblia, que tornó en esperanza de salvación la condenación que le sobrevino a la raza humana a través de Adán y ahora nos trata como si no hubiéramos pecado. Él nos sacó de "Egipto", de la "casa de servidumbre". ¡Es tiempo de darle las gracias!

Lo que siempre consideramos como el "segundo mandamiento" resulta ser la segunda y preciosa promesa. Aquí está:

"No te harás imagen, ni ninguna semejanza de lo que esté arriba en el cielo, ni abajo en la tierra, ni en las aguas debajo de la tierra. No te inclinarás a ellas, ni

las honrarás; porque yo soy Jehová tu Dios, fuerte, celoso, que visito la maldad de los padres sobre los hijos hasta la tercera y cuarta generación de los que me aborrecen, y hago misericordia a millares, a los que me aman y guardan mis mandamientos" (Éxodo 20:4-6).

Veamos qué buenas nuevas contiene este segundo mandamiento:

1. *Nuestro Dios y Salvador es demasiado grande y maravilloso como para ser representado por cualquier ídolo, en cualquier aspecto que sea.* ¡Es el Creador de los cielos y la tierra! ¡El Formador de la Vía Láctea! ¡En sus manos el mar es un vaso de agua! Y a todos nos conoce, con nuestros secretos, mejor de lo que puede una madre conocer a sus hijos. ¿Cómo podríamos rebajarlo al nivel de cualquier "cosa" que puedan imaginarse los seres humanos?

2. *No sólo es Dios "grande" en el sentido de vastedad, gran tamaño y poder.* También es "grande" en el sentido de que su amor por nosotros es personal y eterno. No sólo esparció por el espacio los innumerables soles y mundos de la Vía Láctea, sino que también creó al minúsculo colibrí, con sus frágiles alitas. Y Jesús nos ha dicho que si uno de ellos se estrella contra mi ventana en el verano, se quiebra el cuello, y cae muerto, ese mismo Padre Celestial infinito lo nota y se conduele. Después de decir esto, Jesús aseveró: "Aun *vuestros* cabellos están todos contados. Así que, no temáis; más valéis vosotros que muchos pajarillos" (S. Mateo 10:30, 31).

3. *Por cuanto Dios es Espíritu, es imposible que ningún ídolo ni estatua lo pueda representar.* Dios quiere que aprendamos a adorarlo a él, y no a los ídolos inútiles. Muchos niños, a pesar de tener a su padre y su madre que les dan las buenas noches con cariño, quieren tener de todos modos en su cama un osito de felpa, una especie de reemplazante de mamá y papá. Pero nuestro amante Padre celestial es demasiado sabio como para dejar que nosotros tengamos un "reemplazante" suyo. ¡Nada de "dioses" de felpa para quienes han aprendido la primera lección acerca del amor de Dios!

4. *El osito de felpa le parece necesario al niño porque su padre y su madre no pueden quedarse con él toda la noche.* Pero "el Señor nuestro Dios" siempre está con nosotros. No se aleja por el pasillo rumbo a su cuarto privado. Él dijo: "No te desempararé, ni te dejaré" (Hebreos 13:5). David pregunta: "¿A dónde me iré de tu Espíritu? ¿Y a dónde huiré de tu presencia?... Si dijere: Ciertamente las tinieblas me encubrirán; aun la noche resplandecerá alrededor de mí. Aun las tinieblas no encubren de ti, y la noche resplandece como el día; lo mismo te son las tinieblas que la luz" (Salmo 139:7, 11, 12).

5. *¡La cercanía de Dios es mayor aun de lo que David describió!* El Nuevo Testamento revela que Jesús se acercó tanto a nosotros, que llegó a ser uno de nosotros (eso es lo que significa Emanuel. . . Dios con nosotros [S. Mateo 1:23]). Como nuestro Creador y Redentor, vivió totalmente ajeno al pecado; sin embargo, tomó nuestra naturaleza pecaminosa y con ella revistió su propia naturaleza inmaculada, con el fin de aprender por experiencia propia lo que significa ser tentado en todo punto, como lo somos nosotros, pero siempre sin pecado (Hebreos 4:15). Experimentó todos nuestros sentimientos y tentaciones. Hasta bebió la amarga copa del abandono. En la cruz, clamó: "Dios mío, Dios mío, ¿por qué me has desamparado?" (S. Mateo 27:46). Jesús se sintió así, pero dominó tal sentimiento para que nosotros nunca tuviéramos que sentirnos abandonados por Dios.

Ahora bien, ¿por qué vino a este mundo Jesús, el Hijo de Dios? Ciertamente que no sólo para poder llevarnos al cielo. Tiene además otro bendito propósito. El ángel Gabriel le dijo a José y a la virgen María, antes que el niño naciera: "y llamarás su nombre Jesús" (S. Lucas 1:31), "porque él salvará a su pueblo de sus pecados" (Mateo 1:21). El apóstol Pablo expresa así este pensamiento:

"La ley del Espíritu de vida en Cristo Jesús, me ha librado de la ley del pecado y de la muerte. Porque lo que era imposible para la ley, por cuanto era débil por la carne, Dios, enviando a su Hijo en semejanza de carne de pecado y a causa del pecado, condenó al pecado en la carne; para que la justicia de la ley se cumpliese en nosotros, que no andamos conforme a la carne, sino conforme al Espíritu" (Romanos 8:2-4).

Esa fue una hazaña aun mayor que crear la Vía Láctea. Al Creador le resulta "fácil" —por así decirlo— crear un mundo o un sol. Simplemente, pronuncia la palabra, ¡y lo dicho se cumple! Pero conquistar el pecado en la carne humana, caída y pecaminosa, y condenarlo allí; tomarnos a nosotros, que no somos más que carne de ese tipo, caídos y pecaminosos, y librarnos del dominio que el pecado ejerce sobre nosotros; eso es algo que Dios no podía hacer con sólo decir: "¡Conquisto el pecado!" No, eso no serviría sus propósitos.

Amigo lector, Dios no podía mentir, ni pretender haber logrado algo que no fuera real, de modo que llegó a ser un verdadero bebé en el pesebre de Belén, un verdadero ser humano, un hombre de carne y hueso. Así creció, en su niñez y juventud, afrontando todas nuestras tentaciones a pecar y venciendo cada una de ellas, hasta ser colgado de una cruz. Y mientras colgaba de su cruz, el diablo lanzó contra él sus más fieras tentaciones, procurando hacerlo pecar aunque fuera en un grado mínimo, insignificante, de modo que Jesús fracasara en su misión de salvar a sus hijos de sus pecados. ¡Pero Jesús triunfó sobre todas las tentaciones, aun las más sutiles!

No hay ídolo ni imagen que pueda jamás representar ese logro tan glorioso. A ningún ángel del cielo se le ocurriría jamás inclinarse ante una imagen de ninguna clase. ¡No podría hacerlo! Y usted tampoco puede, si comprende correctamente la justicia de Cristo nuestro Salvador.

Le aseguro, amigo lector, que en cuanto alguien comprende esta buena nueva, siente deseos de alabar sin cesar el Nombre de Dios.

El segundo mandamiento no es una sombría amenaza de ruina por tener ídolos, sino que constituye una promesa de que nunca nos veremos involucrados en la adoración de ningún ídolo, ni siquiera en venerarlo, si no olvidamos cuán maravilloso Dios y Salvador tenemos.

Nuestro Dios dice ser celoso. ¿Por qué? Simplemente porque nos ama. Si un esposo ama de veras a su esposa, sentirá "celos" si ella se aparta de él o le concede sus atenciones a algún otro hombre. Nuestro Señor y Salvador (cuyo nombre es "el Cordero") se ha acercado tanto a nosotros, que espera ansioso el día glorioso cuando se pueda decir: "¡Gocémonos y alegrémonos... porque han llegado las bodas del Cordero, y su esposa [es decir, su iglesia] se ha preparado!" (Apocalipsis 19:7). Ese tipo de celos es santo.

Ese día vendrá cuando la iglesia de Dios decida creer

cuán buenas son las buenas nuevas, y le permita al Cordero "limpiarnos de todo mal". Y recordemos que el "lino fino" que viste la novia en la boda representa "las acciones justas de los santos" (1 Juan 1:9; Apocalipsis 19:8).

Pero las buenas nuevas siguen haciéndose cada vez mejores. Veamos cómo el segundo mandamiento nos promete el perdón. Si bien Dios debe "visitar" la iniquidad de los padres malvados sobre los hijos si éstos eligen continuar odiando la justicia y negándose a aprender las lecciones de gracia que sus padres podrían haber conocido, de todos modos el Señor dice: *"Pero trato con invariable amor por mil generaciones a los que me aman y guardan mis mandamientos"*.

Un día es una en 365 partes de un año. En Isaías 61:2 el Señor declara que su "venganza" es un día, pero su gracia es 365 veces mayor, pues dura todo el año.

¡Dios se deleita en perdonar, en mostrar su misericordia! La Biblia dice que se complace en ser bondadoso con los pecadores, en redimirlos, en salvarlos de la ruina, en tratarlos generosamente: "No nos trata como merecen nuestras iniquidades, ni nos paga conforme a nuestros pecados. Como es más alto el cielo que la tierra, así de grande es su inmenso amor hacia quien lo reverencia" (Salmo 103:10, 11). Notemos que NO dice que su misericordia es grande para con los que lo hacen todo bien. No; su misericordia es grande para con los *pecadores* que lo reverencian, y que invocan su Nombre. Dice el profeta: "Todo el que invoque el Nombre del Señor será salvo" (Joel 2:32). El Evangelio afirma que los enemigos de Jesús lo criticaban porque recibía "a los pecadores" (S. Lucas 15:1). ¡Pero es justamente por eso que Jesús es tan maravilloso!

Jesús respondió a sus críticos con el relato de la oveja que se perdió, y cómo el Buen Pastor dejó las 99 que estaban seguras, para ir en busca de la perdida. El Pastor es Jesús, que te busca a ti, no importa cuán pecador o sin valor pienses que eres.

De hecho, a nosotros nos parece que es divertido ir a Disneylandia, jugar golf y otros juegos, o ir de pesca. En cambio Cristo siente placer al buscar a los desanimados, los de corazón quebrantado, que han echado a perder sus vidas, se han apartado lejos, o quizás han perdido sus hogares o su matrimonio, los alcohólicos, los drogadictos o criminales que han perdido la esperanza, y por medio del Espíritu Santo, susurrar en sus corazones tiernas palabras de ánimo. Miqueas 7:19 dice que el Señor "echará nuestros pecados en la profundidad del mar". Es como si dijera: "Yo soy el Señor tu Dios, tu Salvador. El nombre mismo que llevo, 'Jesús', tiene un significado especial. Quiere decir: 'Yo te salvaré *de* tus pecados'. He tomado esas transgresiones que te han causado tanto dolor y culpabilidad, y las he lanzado al mar, a una profundidad mucho mayor que donde yace el *Titanic*. Nadie las volverá a encontrar".

Cuando Pedro sintió que se hundía entre las olas, clamó a Jesús diciendo: "¡Señor, sálvame!" Jesús escuchó en seguida la oración, lo tomó de la mano y lo levantó. Cristo nunca le niega su ayuda a nadie. Él promete: "Todo lo que el Padre me da, vendrá a mí. Y al que viene a mí, nunca lo echo fuera" (S. Juan 6:37).

Alguien podrá preguntar: "Pero, ¿cómo puedo estar seguro que el Padre me ha predestinado *a mí* para salvación? ¡Si no lo ha hecho, entonces no puedo ir a Jesús!" ¡La verdad es que el Padre *ya te ha entregado* en manos de Jesús! Dice en 1 Timoteo 2:3 y 4, que Dios "desea que todos los hombres sean salvos y vengan al conocimiento de la verdad". Cristo ya pagó por nuestros pecados, ya padeció la segunda muerte que nuestros pecados merecían, por cuanto si bien "la paga del pecado es la muerte, mas la dádiva de Dios es vida eterna en Cristo Jesús Señor nuestro" (Romanos 6:23).

Toda palabra que Dios pronuncia es importante, es válida. Dios no se expresa como los documentos legales, llenos de cláusulas escritas con letra bien pequeña, capaces de invalidar su contenido. Nuestro Salvador no se ha limitado a "ofrecernos" su don, con la condición de que hagamos todo lo necesario para merecerlo, sino que nos lo ha "dado". Ni tú ni yo lo merecemos, porque Adán nos legó la condenación. Cristo, en cambio, nos extendió su "gracia". Pero la gracia trae consigo un don, a saber, "la justificación que da vida" (Romanos 5:15-18). El Padre trata a la humanidad pecadora como si nadie hubiera pecado, "no atribuyendo a los hombres sus pecados" (2 Corintios 5:19).

Cuando nos damos cuenta de la verdad acerca de esa gracia admirable, ya no podemos seguir viviendo una vida de pecado. Lo que nos motiva no es el temor, sino la gracia. *No tendrás dioses ajenos delante de mí.* ¡Se trata de una promesa!

Una vez más, los Diez Mandamientos resultan ser buenas nuevas. Dios está cansado de escribirlos en piedra. Es un trabajo poco fructífero. Ahora quiere grabarlos en los corazones humanos, de modo que nuestro mayor gozo sea vivir en armonía con él y con el gran universo en el cual su amor prevalece por toda la eternidad.

Sí, Dios escribirá sus promesas en nuestros corazones, si tan sólo escogemos *permitirle* que lo haga. ¿Cuál será nuestra decisión?

Capítulo 3

LA PROMESA DE
LA FELICIDAD PLENA

*No tomarás el nombre de Jehová tu Dios en vano;
porque no dará por inocente Jehová al que tomare su
nombre en vano.* Éxodo 20:7.

*L*os solemnes Diez Mandamientos de Dios son, en
realidad, diez preciosas promesas de salvación.

La idea es revolucionaria. Por siglos se ha creído que
el Decálogo consiste en diez prohibiciones, severas
amonestaciones a no hacer lo que tendemos naturalmente
a hacer; diez negativas grabadas en la piedra dura y
amenazante.

En la forma como la mayoría de la gente los entiende
o los oye predicar, parecen desanimadores. Pero gracias
a este descubrimiento de que hay buenas nuevas en ellos,
millares de personas en todo el mundo están despertando
a la realidad que muestra claramente las buenas noticias

que Dios ha incluido para nuestro beneficio en su ley.

El primer mandamiento, que dice *"No tendrás dioses ajenos delante de mí"*, es una promesa de liberación de la penosa cárcel del egocentrismo. La adoración de sí mismo es un falso dios, que oculta de nosotros al Dios verdadero. Pero Dios promete que ese interminable y fútil círculo vicioso en que cae el egoísta se ha terminado. Bienvenidos, entonces, a la vida nueva y gloriosa, libre de la preocupación de estar constantemente midiendo nuestro progreso. El primer mandamiento es una promesa de liberación de la dolorosa condición que genera el egocentrismo. Nos promete que el Señor se revelará a nosotros con tanta claridad, que nuestros corazones no podrán dejarse capturar por ninguna falsificación.

Amigo lector, el mundo está lleno de carnadas que nos prometen felicidad pero nos dejan vacíos y abandonados. Algunas son: el dinero en grandes cantidades, los automóviles, las propiedades, los deportes, y lo que llamamos "las diversiones". Pero los anhelos más profundos del corazón humano no pueden ser satisfechos con las cosas de manufactura humana. Esta primera promesa nos asegura que Dios es todo lo que nuestro corazón anhela, y que se ha *entregado* a nosotros. Ninguna falsedad volverá a engañarnos.

El segundo mandamiento, *"No te harás imagen... no te inclinarás a ellas, ni las honrarás"*, es una promesa de liberación de otra cárcel, aquella en que caemos agotados de tanto tratar de acumular un número creciente de objetos con los cuales impresionar a los demás. Ningún producto de manos o fábricas es digno de que le prodiguemos nuestra devoción.

Cuando comprendemos las verdaderas riquezas

espirituales que contiene el Evangelio, todas las cosas materiales que el dinero puede comprar no parecen sino toscos juguetes de plástico en comparación.

Es cierto que las posesiones materiales nos obsesionan. Así nacimos. Y el mundo nos inunda constantemente con ofertas de comprar esto o lo otro, diciéndonos que sin este objeto o aquél, no podemos ser felices. A veces la presión llega a ser tan fuerte que algunos se enferman.

La idolatría es letal. Aun los ricos, si son honrados, reconocen que sus millones no les brindan la felicidad. Como dijera Salomón, "todo es vanidad" (Eclesiastés 12:8).

El tercer mandamiento es una promesa de felicidad, manifestada de tal modo en lo profundo de nuestros corazones, que nada podrá parecernos más valioso. Dice así: *"No tomarás el nombre de Jehová tu Dios en vano; porque no dará por inocente Jehová al que tomare su nombre en vano"* (Éxodo 20:7). No sólo se refiere a la falsedad de palabra, sino también a la pretensión de ser un seguidor de Dios cuando en lo profundo de nuestro corazón sabemos que no es así. Dios ha puesto en este mandamiento la promesa de concedernos un carácter auténtico, sin una cubierta exterior engañosa sobre un interior vulgar; sin una capa de pintura para cubrir los defectos interiores.

Los muebles que se construyen en el África oriental pueden tener diseño sencillo, pero son sumamente sólidos. No hay en ellos enchapados que nos engañen cuando los admiramos en la tienda. En cambio, muchos automóviles nuevos tienen aplicaciones interiores de palo rosa o nogal, que en realidad son de plástico barato, pintado para que parezca madera fina. Le hacen creer a uno que son vehículos de lujo; a la fábrica, sin embargo, le costaron apenas unos centavos.

Pero lo que debemos enfocar ahora no son los automóviles sino la clase de *carácter* que Dios quiere ver en nosotros. Si alguno se convierte en multimillonario, pero al fin resulta que su carácter es una imitación "de plástico", por decirlo así, no será feliz. Por eso, y para que no tengamos que pasar vergüenza ahora y también al fin, nuestro amante Dios nos ha dado la promesa de que, si creemos en las Buenas Nuevas de su Evangelio, él se compromete a transformar nuestro carácter hasta que sea una obra maestra de verdad, integridad y pureza. Llegaremos a ser un faro de luz en un mundo tenebroso, un refugio al cual otros vendrán para salvarse de la tormenta. Nada puede traernos más felicidad que saber que tanto Dios como los hombres nos honran por ser genuinos de pies a cabeza.

El apóstol Pablo habla de la prueba final que el carácter de todos nosotros deberá soportar. Compara el desarrollo del carácter con el proceso de construir una casa. Ya hay un "fundamento"; las Buenas Nuevas dicen de Jesús que él es nuestro fundamento: "Porque nadie puede poner otro fundamento que el que está puesto, el cual es Jesucristo" (1 Corintios 3:11).

Cristo vino a este mundo para salvar a toda la raza humana. El Salvador ya ha construido un "fundamento" de vida eterna para cada ser humano. Él ya peleó nuestra batalla, y dominó el pecado, condenándolo en nuestra carne. Ha completado toda la obra pesada, poniendo el fundamento de un precioso carácter-palacio para cada uno de nosotros.

Esta es una bella ilustración de las buenas nuevas: Cada uno necesita una "morada" para vivir en ella. No traemos una cuando venimos al mundo, así como al nacer venimos desnudos. No sabemos cómo "construir" el edificio de nuestro carácter, que necesitamos. Jesús vino a enseñarnos el arte de construir nuestro carácter. Sí, vino para salvarnos, y lo hizo, pero en el día del juicio nos sentiremos profundamente avergonzados si no hemos hecho nada con la salvación que él nos ha dado.

Por eso Jesús vino a vivir entre nosotros, a tomar sobre sí nuestra carne, a vivir la vida como nosotros debemos vivirla, a demostrar ante nosotros un carácter perfecto. No podríamos ser felices en el cielo, si no hemos desarrollado un carácter como el suyo, que exprese algo más que una profesión de ser sus seguidores. La severa prueba del juicio final debe demostrar que lo somos en verdad.

Esto es lo que Pablo tenía en mente al usar la construcción de una casa como figura.

Cristo nos ama tanto, como individuos, que según Pablo, ya ha establecido el "fundamento" de ese edificio. Ahora, y día tras día, "construimos" sobre ese fundamento. El mero hecho de estar vivos muestra que algo está sucediendo. Dicen los arquitectos que buena parte del costo de una casa es el fundamento. Preguntémonos, pues, qué clase de edificio estamos construyendo día tras día.

Permitamos, pues, que Pablo nos diga cuál es su intención:

"Cada uno mire cómo sobreedifica... Si sobre este fundamento alguno edificare oro, plata, piedras preciosas, madera, heno, hojarasca, la obra de cada uno se hará manifiesta; porque el día la declarará, pues por el fuego será revelada; y la obra de cada uno cuál sea, el fuego la probará. Si permaneciere la obra de alguno que sobreedificó, recibirá recompensa. Si la obra de alguno se quemare, él sufrirá pérdida" (1 Corintios 3:10-15).

Ahora comenzamos a comprender qué clase de Buenas Nuevas nos trae el tercer mandamiento: es una promesa de que, si *creemos* las Buenas Nuevas del Evangelio de Jesucristo, él se encargará de guiarnos en la construcción de una casa que soporte el fuego.

Supongamos que usted no tiene hogar. Alguien construyó el fundamento de una casa para usted, y está listo para seguir edificando. Para los fines de nuestra ilustración, supongamos que usted es perezoso, y que todo lo que hace es juntar unas ramas y algo de hojas, con las cuales se construye una choza sobre la bella y fuerte base de piedra. Pero un día, viene un incendio y consume la "casa" de hojas que usted había construido.

Su vecino, en cambio, construyó su casa de piedra, y cuando se apaga el fuego, la casa todavía está intacta. ¿No se sentiría usted avergonzado? ¿Especialmente, si le gustaba mostrar su "casa" a sus amigos, orgulloso de su habilidad como constructor? ¡Las ramas y hojas eran más baratas y fáciles de encontrar que la piedra! Pero la casa sólo tenía la apariencia de ser buena y bella.

Este mensaje es para todos, aun para los pastores, los sacerdotes y los predicadores. "La obra de cada uno se hará manifiesta... pues por el fuego será revelada" (vers. 13). Pero lo importante en el Día del Juicio no será la opinión de la gente, sino la respuesta a esta pregunta: "¿He *profesado* en vano el nombre de Cristo?

Hoy, las Buenas Nuevas que contiene el tercer mandamiento nos dicen: *"No tomarás el nombre de tu Dios en vano"*. Cree "la verdad del evangelio", y descubrirás que el Evangelio de Jesucristo "es poder de Dios para salvación" (Gálatas 2:14; Romanos 1:16). Día tras día, el Espíritu Santo te motivará a colocar una piedra sobre otra. Quizás no te des cuenta de ningún progreso, pero tu mayor gozo será descubrir en el Día del Juicio que la "morada" que Dios te ha capacitado para construir es un palacio que el fuego no puede destruir.

Pablo describe cómo todos somos por naturaleza "extranjeros" y "advenedizos". Pero ahora hemos sido "edificados sobre el fundamento de los apóstoles y profetas, siendo la principal piedra del ángulo Jesucristo mismo, en quien todo el edificio, bien coordinado, va creciendo para ser un templo santo en el Señor; en quien vosotros también sois juntamente edificados para morada de Dios en el Espíritu" (Efesios 2:19-22).

Esto nos hace dar un paso más: No sólo estamos construyendo el edificio de nuestro carácter; ¡al fin, nuestra construcción llegará a ser un templo para que el Señor more, por la eternidad! La promesa del tercer mandamiento es, por lo tanto, de librarnos del temor del Día del Juicio y el fuego final.

En el corazón de todos, ese temor se mantiene casi a flor de piel. Puede envenenar todas las vertientes de nuestro gozo. Hay una temerosa expectación de juicio y de ardiente indignación que nadie puede evadir; persiste en nuestra conciencia, aun cuando nos despertamos en las altas horas de la noche. El tercer mandamiento nos libra de ese temor. Nos dice: "¡No te avergonzarás en el día del juicio!" ¡Preciosas Buenas Nuevas!

Veamos otra ilustración que Dios usa para ayudarnos a comprender: el acto de proveer ropa para cubrir nuestra desnudez. Casi todos soñamos ocasionalmente que estamos en público sin vestiduras apropiadas. "Bienaventurado el que vela, y guarda sus ropas, para que no ande desnudo, y vean su vergüenza" (Apocalipsis 16:15). El tercer mandamiento llega a ser una promesa: ¡Dios nos dará ropas para vestirnos! Sin embargo, el acto de *vestirnos* con las vestiduras gratuitas es nuestra responsabilidad. También lo es el proceso de *construir* la casa sobre el fundamento prefabricado. Pero aun la fe por la cual construimos "es don de Dios" (Efesios 2:8).

Por lo ya visto, el tercer gran mandamiento de Dios contiene una amonestación que no nos atrevemos a ignorar: *"No dará por inocente Jehová al que tomare su nombre en vano"* (Éxodo 20:7). Su nombre es santo; no importa cuántas veces, en nuestra ignorancia, lo hayamos tomado en vano. Al ver lo que sucedió en la cruz, cómo el Hijo de Dios tomó nuestro lugar, murió nuestra segunda muerte, soportó la ira de su Padre, y clamó, lleno de angustia: "Dios mío, ¿por qué me has desamparado?", algo comienza a suceder en nuestro duro corazón. Se ablanda, y fluyen lágrimas a nuestros ojos. *¡Nunca más querremos tomar en nuestros labios ese santo nombre para blasfemarlo en nuestra ira, ni para hacerlo parte de una broma o chiste vulgar!*

Ahora hemos comenzado a conocer a Aquel cuyo nombre es "Admirable, Consejero, Dios fuerte, Padre Eterno, Príncipe de Paz (Isaías 9:6). Nuestros labios y nuestra manera de hablar son diferentes. Como en el caso de los discípulos que habían pasado tiempo con Jesús, la gente comprendía que eran "diferentes". Les decían: "Aun tu manera de hablar te descubre" (S. Mateo 26:73). Al andar con Jesús el orgulloso se vuelve humilde, el disoluto llega a ser puro, las palabras sucias son reemplazadas por limpias. ¡Así nos salva Jesús del pecado, ahora mismo!

Pronto llegará el día cuando se termine el proceso de

construcción. Del cielo saldrá un decreto relativo a todo ser humano. "Detened la obra ahora mismo. ¡Basta! Lo que habéis construido será vuestro por toda la eternidad". En la última página de la Biblia leemos acerca de ese día: "El que es injusto, sea injusto todavía; y el que es inmundo, sea inmundo todavía; y el que es justo, practique la justicia todavía; y el que es santo, santifíquese todavía. He aquí yo vengo pronto, y mi galardón conmigo, para recompensar a cada uno según sea su obra" (Apocalipsis 22:11, 12).

Pero las mismas buenas nuevas que saturan los Diez Mandamientos brillan también en esa última página de la Biblia. Dios no ha preparado para nosotros otra cosa que felicidad:

"¡Bienaventurados los que guardan sus mandamientos, para que tengan derecho al árbol de la vida, y entren por las puertas en la ciudad! Pero quedarán fuera los perros y los hechiceros, los disolutos y los homicidas, los idólatras y todo el que ama y practica la mentira. Yo, Jesús, os envié mi ángel con este testimonio para las iglesias. El Espíritu y la esposa dicen: '¡Ven!' Y el que oiga, *también* diga: '¡Ven!' Y el que tenga sed y quiera, venga y reciba el agua de la vida gratuitamente" (Apocalipsis 22:11-17, NRV 2000).

Estas benditas palabras son expresiones de bienvenida que Dios dirige personalmente a cada uno.

Amigo, haz ahora tu elección, respondiendo: "¡Sí, Señor! ¡Aquí estoy!" En el tercer mandamiento, Dios ha prometido que te considerará "inocente" para siempre. "Bienaventurado aquel cuya transgresión ha sido perdonada, y cubierto su pecado. Bienaventurado el hombre a quien Jehová no culpa de iniquidad" (Salmo 32:1, 2).

Capítulo 4

PROMESA DE REPOSO PARA EL ALMA ATRIBULADA

Acuérdate del día de reposo para santificarlo. Seis días trabajarás, y harás toda tu obra; mas el séptimo día es reposo para Jehová tu Dios; no hagas en él obra alguna, tú, ni tu hijo, ni tu hija, ni tu siervo, ni tu criada, ni tu bestia, ni tu extranjero que está dentro de tus puertas.

Porque en seis días hizo Jehová los cielos y la tierra, el mar, y todas las cosas que en ellos hay, y reposó en el séptimo día; por tanto, Jehová bendijo el día de reposo y lo santificó. Éxodo 20.8-11.

El Decálogo de Dios no son diez severas prohibiciones, sino diez *promesas* de grandes bendiciones para todo el que crea las buenas nuevas que contiene el preámbulo, es decir, su frase introductoria, que dice: *"Yo soy Jehová tu Dios, que te saqué de la tierra de Egipto, de casa de servidumbre"* (Éxodo 20:2). En otras palabras, dice no sólo que es nuestro Salvador, sino que *ya ha realizado* su obra de salvarnos. Y al decir esto, se dirige a todo habitante del mundo, porque "de tal manera amó Dios al mundo, que ha dado a su hijo unigénito".

A menudo nos olvidamos de este precioso preámbulo de los Diez Mandamientos. Al hacer esto, el resto *suena en apariencia* como duras reglas difíciles de cumplir. Muchos se han cansado y han abandonado su empeño de vivir conforme a ellas, pensando que nunca lo lograrán. Se sienten perplejos y confusos, porque saben que la obediencia a la ley de Dios es el camino de la vida eterna.

Pero, ¿cómo obedecer? ¿Cómo puede el cuarto mandamiento llegar a ser una promesa de reposo para nuestras almas? En verdad, no hay ningún aspecto negativo en el Decálogo, si bien podría parecerle así al que no ha aprendido esta bendita verdad. Ya hemos visto anteriormente cómo los primeros tres mandamientos son puertas abiertas que nos franquean el paso hacia la felicidad:

El primer mandamiento: "No tendrás dioses ajenos delante de mí", es una promesa de que Dios se revelará a nosotros con tanta claridad y belleza, que no toleraremos que algún falso dios absorba nuestra atención ni reciba nuestra adoración.

El segundo mandamiento: "No te harás imágenes… No te inclinarás a ellas, ni las honrarás", es una promesa de que, si comprendemos y apreciamos la salvación que Cristo ya ha conquistado en favor nuestro, no querremos permitir que entre Dios y nosotros se interponga ninguna cosa material. Seremos libres de adorar a Dios "en espíritu y en verdad" (S. Juan 4:24). ¡Qué felicidad!

El tercer mandamiento: "No tomarás el nombre de Jehová tu Dios en vano", es una promesa de que al madurar, al dejar atrás nuestra inmadurez moral y adquirir la capacidad de apreciar lo que significa su nombre, ya no querremos —de hecho, ya no podremos— tomar su nombre en vano. Su gracia nos hará ser sinceros y genuinos en todo, no sólo por fuera.

Casi todo el mundo hace caso omiso del cuarto mandamiento. ¿Por qué? ¿Es difícil obedecerlo? No; Dios hace que a todos les sea posible recibir la bendición del reposo contenido en éste, el cuarto mandamiento del Decálogo. Es una parte de las riquezas de la gracia de Dios que él le concede a cualquiera que esté dispuesto a recibirla. Veamos nuevamente lo que dice:

"Acuérdate del día sábado para santificarlo. Seis días trabajarás y harás toda tu obra. Pero el sábado es el día de reposo del Señor tu Dios. No hagas ningún trabajo en él; ni tú, ni tu hijo, ni tu hija, ni tu siervo, ni tu criada, ni tu bestia, ni tu extranjero que está dentro de tus puertas. Porque en seis días el Señor hizo el cielo, la tierra y el mar, y todo lo que contienen, y reposó en el séptimo día. Por eso, el Señor bendijo el sábado y lo declaró santo" (Éxodo 20:8-11, NRV).*

¡No tienen fin las bendiciones que encierra este mandamiento! Señalemos unas pocas:

La bendición del reposo sabático es para todo el mundo. A nadie se deja fuera. Dios nos habla a ti y a mí, amigo o amiga, no sólo a los judíos. Jesús afirmó: "El sábado fue hecho para el hombre" (S. Marcos 2:27, NRV). ¡La mujer también fue hecha "para el hombre", y sin embargo el matrimonio no es sólo para los judíos! La expresión "el hombre" es genérica; abarca a toda la humanidad.

El "reposo" implicado en la observancia del sábado

es precisamente lo que nuestros corazones humanos siempre anhelaron. Abarca mucho más que simplemente hacer una siesta para descansar de la actividad física. Comprende también la paz del corazón. ¡Muchos multimillonarios darían todo lo que tienen a cambio de eso!

¿Por qué reposó Dios el sábado para bendecirlo y santificarlo? Porque se proponía dárselo como un regalo al mundo. Es nuestro para que lo gocemos. Nunca guardaremos un sábado solos. Al reposar en él, tenemos comunión con nuestro Dios. "Yo estoy contigo" (Isaías 41:10), nos promete. Y Jesús agregó: "No os dejaré huérfanos, vendré a vosotros... El que me ama, guardará mi Palabra. Y mi Padre lo amará, y vendremos a él, y haremos con él morada" (S. Juan 14:18, 23, NRV). ¡Jesús y el Padre se disponen a vivir contigo! ¡Eso sí que trae gozo al corazón!

Jesús prometió: "Yo estoy con vosotros todos los días, hasta el fin del mundo" (S. Mateo 28:20). Pero el día sábado nos lleva a una cercanía especialmente íntima con el Salvador. El sábado es una cita que Dios hace con nosotros; y si él es el objeto de nuestra amorosa adoración, entonces no le vamos a quedar mal. Y esto no sucede de vez en cuando, porque el sábado es algo constante, el séptimo día de cada semana.

El sábado es el cemento que mantiene juntos a todos los otros días de la semana. Le da a la semana una razón de ser, un propósito. La semana no es un invento humano; es el don de Dios al mundo en el principio, cuando creó los cielos y la tierra en seis días literales, tal como lo informa Génesis 1.

El sábado es el monumento conmemorativo de su obra creadora; nunca hubiera surgido la engañosa teoría de la evolución si el mundo se hubiera *acordado* "del día sábado para santificarlo". La observancia del sábado es la "señal" o "marca" del verdadero pueblo de Dios, porque dice: "Les di también mis días de reposo, para que fuesen por señal entre mí y ellos, para que supiesen que yo soy Jehová que los santifico" (Ezequiel 20:12). La "señal" de Dios es como su firma; es como si dijera: "He estado buscándolos, ¡y aquí están! ¡Son mi verdadero pueblo, porque guardan mi santo sábado! Eso los identifica en forma especial como míos".

Al mismo Jesús le agrada especialmente la comunión con sus hijos cada sábado. Pocas veces pensamos en el gozo que le causa a nuestro Señor ver que honramos su sábado. El sábado es como una gran fiesta de celebración. Dios nos invita cada semana a unirnos a él y a su pueblo en esta ocasión especial; y si no asistimos, se entristece porque nos echa de menos.

En este día de celebración no hay distracciones. "No harás en él obra alguna", nos promete nuestro Señor. Ezequiel llama a los otros días de la semana "los seis días de trabajo" (Ezequiel 46:1). En esos días de labor mundanal experimentamos toda clase de intrusiones: pesadas cargas, negocios, trabajo, compra y venta, la televisión y la radio, los cuidados de la vida, las noticias de crímenes y desastres. En el mundo no hay "paz".

En el día sábado, en cambio, todas esas distracciones son dejadas de lado; nos disponemos a pasar el día con Jesús, disfrutando de su compañía. Un día de paz en el corazón, un puerto de refugio de las fieras tormentas marinas, un jardín regado por los ríos del Edén, una fuente refrescante en medio del seco y monótono arenal de la vida.

¿Y qué haremos si hay cuentas que pagar? Durante el

sábado las dejamos de lado. No permitimos que nos quiten la paz de Jesús, porque confiamos que él nos cuidará y que bendecirá nuestras labores durante los seis días de trabajo, de modo que tengamos lo suficiente para pagar nuestras cuentas sin preocupaciones ni escasez. La Biblia nos encarga enfáticamente que dejemos nuestra planificación financiera y nuestras cuentas para *después que pase* el sábado, y que hagamos todo ese trabajo "cada primer día de la semana" (véase 1 Corintios 16:2). Así, este hermoso cuarto mandamiento nos muestra cómo gozar del reposo con Dios, libres de esas molestas intrusiones mundanales.

El sábado se convierte en un día del cielo en la tierra. A los niños, especialmente, les encanta pasar el sábado en un hogar donde se lo reverencia; no ven la hora de que llegue el próximo sábado. Jesús dijo: "Dejad a los niños venir a mí, y no se lo impidáis, porque de los tales es el reino de los cielos" (S. Mateo 19:14). Pero si nosotros no respetamos la santidad del sábado, ellos tampoco pueden hacerlo.

Quizás alguno se pregunte: Pero ¿qué día de la semana es el verdadero día de reposo?

En la mayoría de los calendarios que se usan en todo el mundo, al séptimo día se lo llama sábado. Si queremos tener una doble seguridad, podemos leer qué dice en S. Lucas 23:54 (NRV), al hablar de la crucifixión de Jesús: "Era la tarde del día de la Preparación, y estaba por empezar el sábado". Además, los versículos que siguen en ese mismo pasaje nos ofrecen otra forma de identificar el verdadero día de reposo: "Las mujeres... vieron el sepulcro, y cómo fue puesto su cuerpo. Y vueltas, prepararon aromas y perfumes. Pero reposaron el sábado, conforme al Mandamiento" (vers. 55, 56). El versículo siguiente habla de su resurrección, que sucedió el domingo: "El primer día de la semana, muy de mañana, las mujeres fueron al sepulcro... Y hallaron que la piedra había sido retirada". ¡Cristo había resucitado! (S. Lucas 24:1, 2, NRV).

Está tan claro que aun un niño lo puede ver en seguida: *el día de reposo conforme al mandamiento es el que cae entre el viernes y el domingo.*

Pero, ¿por qué la mayor parte de la gente observa el domingo en vez del sábado? ¿Ha cambiado Dios su santo día de reposo?

No; Dios dice: "Yo, Jehová, no cambio" (Malaquías 3:6). En la Biblia no hay nada que sugiera que Dios haya hecho algún cambio en su santa ley. "La ley de Jehová es perfecta, que convierte el alma" (Salmo 19:7). ¿Por qué habría de cambiar Dios algo que es "perfecto"? ¡Nos ama demasiado como para cambiar un don tan lleno de bendiciones para nosotros!

Jesús guardaba habitualmente el séptimo día, o sea el sábado, porque en S. Lucas 4:16 (NRV) leemos que "fue a Nazaret, donde se había criado. Y *conforme a su costumbre,* el día sábado fue a la sinagoga". Sí, cuando Jesús aseveró ante los judíos: "He guardado los mandamientos de mi Padre" (S. Juan 15:10), dijo la verdad. Todos los apóstoles siguieron su ejemplo, guardando el séptimo día como día de reposo. Por ejemplo, el libro de los *Hechos de los Apóstoles* menciona 84 sábados que guardó el apóstol Pablo, ¡pero ni un solo domingo!

Alguien preguntará: "Pero, el pasaje de Hechos 20:7, 8, ¿no menciona que Pablo guardó un primer día de la semana?" No; ese pasaje habla de una reunión de despedida que Pablo celebró un sábado de noche con los cristianos de Troas, porque el día siguiente (domingo) planeaba caminar más de 25 kilómetros hasta Mileto, y nunca se volverían a ver (ningún apóstol hubiera planeado caminar 25 kilómetros en el día santo).

Al describir esa reunión nocturna, Lucas dice que tuvo lugar "el primer día de la semana", porque según la Biblia, el sábado comienza a la puesta del sol el viernes, y se termina con la puesta del sol al atardecer del sábado. (Levítico 23:32). Por consiguiente, cualquier reunión nocturna que sucediera "el primer día de la semana", tenía por fuerza que haber sido el sábado de noche. En efecto, Marcos 1:32 dice cómo un sábado de tarde, "luego que el sol se puso", habiéndose terminado el sábado, la gente le trajo todos los enfermos y endemoniados para que los sanara.

Esta es una preciosa forma de guardar el sábado, "de tarde a tarde", es decir, de puesta de sol a puesta de sol. Si usted trata de guardarlo de medianoche a medianoche, estará durmiendo, y no podrá darle la bienvenida al santo día de Dios. ¿Cómo podríamos darle la bienvenida a algún visitante especial que llegara a medianoche, cuando estuviéramos dormidos? Pero al atardecer del viernes, toda la familia puede reunirse para cantar, leer historias bíblicas, y orar dándole la bienvenida a otro precioso día de reposo.

¿Por qué, pues, tantos observan el domingo y no el santo sábado que el Señor "bendijo y santificó"? La razón es simple: alguien lo cambió, sin el consentimiento de Dios. El Señor le indicó al profeta Daniel que predijera que eso iba a suceder. En el capítulo 7 de su libro, Daniel describió el surgimiento de cuatro imperios mundiales en la historia (Babilonia, Medo-Persia, Grecia y Roma), tras los cuales se levantaría otro gran poder que combinaría el poder civil y eclesiástico. De este poder, se le dijo, "pensará en cambiar los tiempos y la ley" (Daniel 7:25). Tanto Daniel como el Apocalipsis indican que este "cuerno pequeño" ejercería su gran poder durante 1.260 años.

Pablo describe el mismo poder en 2 Tesalonicenses 2:3-5, en estos términos: "Se opone y se levanta contra todo lo que se llama Dios o es objeto de culto; tanto que se sienta en el templo de Dios como Dios, haciéndose pasar por Dios".

Juan, en el Apocalipsis, describe el mismo poder: "Se le dio boca que hablaba grandes cosas y blasfemias… También se le dio autoridad sobre toda tribu, pueblo, lengua y nación. Y la adoraron todos los moradores de la tierra, cuyos nombres no estaban escritos en el libro de la vida del Cordero" (Apocalipsis 13:5-8).

Debemos, pues, decidir a qué "poder" seguiremos: si al Dios santo que creó la tierra en seis días y santificó su santo sábado para que lo guardáramos, o al que se atrevió a cambiar la ley de Dios y a exigir que el pueblo observe el domingo en su lugar.

Amigo lector, no temas ser diferente de la mayoría. Jesús dijo: "Entrad por la puerta estrecha, porque ancha es la puerta, y espacioso el camino que lleva a la perdición, y muchos entran por ella; porque estrecha es la puerta, y angosto el camino que lleva a la vida, y pocos son los que la hallan" (S. Mateo 7:13, 14, NRV).

A través de toda la historia del mundo, esto ha resultado ser cierto; y Jesús es real, está vivo y vigilante, y siempre se identifica con los pocos que lo siguen.

Las buenas nuevas son que Cristo nos ama mucho más de lo que creemos. Pagó un precio supremo para redimirnos, y nunca se olvidará de nosotros. Todavía nos ama tanto que anhela pasar la eternidad en nuestra compañía. ¡Sin su pueblo, se siente solo! Vivimos en los últimos días. En el Santuario celestial, nuestro Gran Sacerdote trabaja día y noche, con repercusiones mundiales, para preparar un pueblo que esté listo para encontrarse con él.

Sin embargo, el pueblo de Dios necesita una preparación especial, como los niños escolares. Jesús será nuestro Maestro, y nosotros podemos estar en su "clase". Por lo tanto, sábado tras sábado se reúne con su gente que lo sigue como el Cordero de Dios, y por su Santo Espíritu, les enseña y los prepara para estar listos en ese grande y próximo día cuando aparezca. Ningún suceso terrenal es tan importante como esa obra especial que se está desarrollando ahora mismo.

Cristo llama ahora mismo a sus hijos por todo el mundo a santificar su sábado de reposo, por cuanto es el día especial en que se encuentra con ellos para enseñarles. Y su grande y precioso cuarto mandamiento les promete a todos los creyentes que el gozo del reposo sabático será suyo si tan sólo así lo desean. Él dice: "Venid a mí todos los que estáis trabajados y cargados, y yo os haré descansar" (S. Mateo 11:28).

*La versión Reina-Valera de 1960 que utilizamos a lo largo del libro, sustituye sábado por "día de reposo", pero incluye una aclaración de que "se refiere a sábado". Las versiones católicas, Biblia de Jerusalén, Torres-Amat, y otras, prefieren la palabra sábado, al igual que la Nueva Reina-Valera que hemos utilizado para estos versículos.

Capítulo 5

LA PROMESA QUE VENCE UN IMPOSIBLE

Honra a tu padre y a tu madre, para que tus días se alarguen en la tierra que Jehová tu Dios te da. Éxodo 20:12.

El mundo está lleno de gente que considera imposible obedecer el quinto de los diez maravillosos mandamientos de Dios. Sienten como si se les estuviera exigiendo llegar a la luna de un salto. El mandamiento dice: "Honra a tu padre y a tu madre, para que tus días se alarguen en la tierra que Jehová tu Dios te da" (Éxodo 20:12). ¿Nos parece fácil?

No hace mucho que algunos de nosotros que somos ministros fuimos llamados a orar por una dama mayor de 50 años, a la cual se le declaró de pronto un cáncer. Por supuesto, creemos firmemente que el plan de Dios para sanar las enfermedades incluye el sanamiento de las heridas espirituales. En el caso de la señora que tenía cáncer, le pedimos que ella también orara. Pero no pudo comenzar su oración en la forma como Jesús nos ha enseñado a hacerlo, diciendo: "Padre nuestro..." En cambio, oró diciendo: "Oh Dios..." ¡No podía pronunciar la palabra "Padre"!

Al hacerle algunas preguntas descubrimos que en los años tiernos de su niñez había crecido en el seno de una familia cuyo padre era un individuo áspero, frío, carente de amor. Los niños temían verlo llegar en la noche. La mujer enferma confesó que en ella se había ido engendrando el terror que producía la presencia del padre, al punto de envenenar su felicidad matrimonial e impedirle comprender el amor de Dios y su condición de "nuestro Padre celestial". ¡La pobre mujer provenía de una familia conflictiva!

Si nuestros padres son bondadosos, fieles y amorosos, no nos costará gran cosa disponernos a honrarlos. Si éste es el caso suyo, amigo lector, siéntase agradecido.

Para otros, sin embargo, este mandamiento es un muro de piedra. Una madre malévola, alcohólica quizás, o adicta a las drogas, perezosa, egoísta, indiferente o cruel, es el tipo de persona a quien parece imposible honrar. O el problema puede haber estado en el padre: un alcohólico, rudo, cruel, egoísta, absorto en su propio placer, que nunca les mostró amor a sus hijos; quizás hasta los abandonó al destruir su hogar por irse con otra mujer. ¿Cómo *puede* uno respetarlo u honrarlo?

El problema que planteamos es importante. Si creemos que Dios nos está pidiendo algo que no podemos hacer, eso trastorna nuestra actitud para con él. No podemos evitarlo; no es culpa nuestra que nuestros padres nos hayan privado de la atmósfera de amor y ternura a que tiene derecho cada niño que viene a este mundo. Por eso hay multitud de seres humanos que se sienten alienados de Dios. ¿Por qué servirle, si nos hace demandas imposibles de cumplir?

Al mismo tiempo, en lo íntimo de nuestros corazones anhelamos estar en paz con Dios. No podemos expulsar a nuestros padres de nuestra mente, aunque estén a miles de kilómetros de distancia de nosotros. Mientras vivamos, su silueta dominará nuestra vida interior. Nunca estaremos plenamente libres; es como llevar una bola de hierro encadenada a los tobillos.

Pero, en realidad, éste y los otros nueve mandamientos de Dios *son diez promesas,* diez poderosos mensajes de buenas nuevas. El preámbulo del Decálogo dice: "Yo soy Jehová tu Dios, que te saqué de la tierra de Egipto, de casa de servidumbre" (Éxodo 20:2). ¿Qué significa? Que Dios ya hizo algo por mí; no está esperando para ver *si acaso pudiera* hacer algo bueno por mí; no, él *ya lo hizo* y se mantiene a la espera de que yo lo comprenda y lo crea.

Dios dice que si yo creo que él ya me libró de la esclavitud, que ya me ha salvado de una ruina terrible, y me ha sacado del Egipto espiritual donde me hallaba cautivo de mis temores y emociones negativas, entonces esos maravillosos Diez Mandamientos se convierten en diez promesas que me capacitan para vivir feliz.

¿Cómo puede Dios realizar este milagro?

En **primer lugar,** Dios mira a la gente desde un punto de vista distinto del nuestro, y nos capacita para que nosotros también la veamos así como él. En otras palabras, cuando Dios mira que alguien es cruel, egoísta, irritable o incapaz de amar; en otras palabras, simplemente "malo", lo ve tal como podría llegar a ser bajo el efecto de su gracia. Así es como Dios mira a la raza pecadora, "no tomándoles en cuenta a los hombres sus pecados" (2 Corintios 5:19). Además, muchos individuos bruscos y desagradables padecen de algún problema oculto que los hace portarse así.

En **segundo lugar**, Dios nos enseña que al pensar en nuestros padres, los veamos como ellos hubieran sido si no fuera por la molestia y dolor que los atormentaba. Desde luego, esto requiere fe de nuestra parte, pero dicha fe la recibimos de Jesús, ya que él tiene fe en nosotros. Aprendemos a perdonar a nuestros padres tal como Jesús nos perdona a nosotros cuando quebrantamos la ley del amor. Es muy cierto que dentro de nosotros no tenemos los recursos para hacerlo, pero eso es precisamente lo que la gracia de Cristo hace por nosotros.

En **tercer lugar**, a la base de este milagro se encuentra el darnos cuenta de que cuando algo nos irrita o causa dolor, debemos mirar a Jesús, quien también afrontó muchas circunstancias que le causaban grandes sufrimientos.

Jesús fue despreciado y rechazado por los hombres, recibió abusos e insultos, y hasta lo crucificaron. Jesús tenía enemigos y verdugos, pero oró por los que lo crucificaron: "Padre, perdónalos porque no saben lo que hacen" (S. Lucas 23:34). Así como queremos que Dios no se fije en nuestras faltas y que nos ame a pesar de ellas, del mismo modo se nos imparten amor y gracia para con los que nos hacen mal. Y esta es otra faceta del milagro resultante de la promesa que encierra el quinto mandamiento.

Como **cuarto punto** diremos que la promesa del quinto mandamiento descansa en el firme fundamento del amor de Dios por su mundo perdido. "Porque de tal manera amó Dios al mundo, que ha dado a su hijo unigénito, para que todo en el que él crea, no se pierda, mas tenga vida eterna" (S. Juan 3:16). ¿Puede usted imaginarse un "Padre" más maravilloso que Dios mismo, el Padre de Jesús? Sin embargo, hubo una ocasión, cuando Jesús pendía de la cruz, en que el Padre se distanció a tal punto de él, ignorando a tal extremo sus ruegos, que a Jesús le parecía como si no lo amara. Cuando el Salvador estaba en la cruz, el Padre parecía estar tan lejos, que Jesús exclamó, diciendo: "Dios mío, Dios mío, ¿por qué me has desamparado?" (S. Marcos 15:34). Durante esas horas terribles, Jesús no recibió ninguna evidencia de que su Padre todavía lo amara, pero resistió las insinuaciones del enemigo, y eligió, en cambio, creer que su Padre le amaba, aun cuando no había nada visible que apoyara su fe.

Es semejante a la situación de un niño que en la oscuridad no puede distinguir el rostro amoroso de sus padres, pero confía en que su amor es real.

Jesús construyó un puente sobre un abismo de tinieblas y pecado: nuestra culpabilidad, nuestras transgresiones. Así preparó el camino para que nosotros también pudiéramos creer en él cuando nuestras circunstancias fueran sombrías. A ese puente lo llamamos "la expiación", o "la reconciliación". ¡Usted también puede construir un puente de reconciliación entre usted y sus padres, aun cuando parezca que a ellos no les interesa!

Así es, por la gracia de nuestro Señor Jesucristo. Cuando la fe se basa en Jesús se vuelve poderosa. También construye algo a partir de lo que parece no existir. Un amor mayor que el amor humano común se hace sentir. Ese amor supremo comienza a obrar milagros. Y son muchas las familias alienadas que son sanadas por la gracia de Cristo, fuente de tal amor.

Pero, ¿qué sucede si los padres resisten y rechazan la gracia de Cristo que se ha manifestado en nosotros? En algunos casos ocurre esto, y debemos estar preparados, por cuanto Dios no obliga a nadie a que responda como es debido.

En tales casos Dios ejecuta su plan alternativo: Jesús dice que si llevamos su amor a una "casa" y la casa "no fuere digna, vuestra paz se volverá a vosotros" (S. Mateo 10:13). Esto significa que si nuestros esfuerzos por reconciliarnos y "honrar" fracasan, el Espíritu Santo nos dará paz *dentro de nuestro propio corazón*. Escogimos honrar a nuestro padre y nuestra madre, honrar la institución familiar, el plan original de Dios para la raza humana. Ahora, nuestros días se alargarán y serán felices, tal como lo expresa la promesa del quinto mandamiento.

Hay una preciosa lección que debemos aprender en relación con nuestros padres: "Tuvimos a nuestros padres terrenales que nos disciplinaban, y los venerábamos... Es verdad que ninguna disciplina al presente parece ser causa de gozo, sino de tristeza; pero después da fruto apacible de justicia a los que en ella han sido ejercitados" (Hebreos 12:9-11). De este modo, aprendemos a agradecerle al Señor por su represión. "Porque el Señor, al que ama disciplina, y azota a todo el que recibe por hijo. Si soportáis la disciplina Dios os trata como a hijos" (vers. 6, 7). ¡Estas son excelentes noticias! ¡Todo lo que pensábamos que nos era contrario, resulta ser una gran bendición! ¡La dolorosa represión es prueba de que Dios nos trata como a hijos!

Una pregunta más: ¿Aprenderemos también a honrar a nuestros abuelos?

Dios podría haber establecido alguna otra forma de multiplicar los habitantes de la tierra, pero no lo hizo. Escogió traer a cada niño al mundo rodeado del calor y ternura de una familia. Cuando comenzamos a comprender su plan de salvación, honramos su sabiduría. De este modo, se nos concede el don de respetar a todos nuestros antepasados; puede ser que no hayan tenido el nivel de educación que nosotros tenemos, pero hicieron lo mejor con lo que tenían. Dios dice de ellos como Jesús dijo de María Magdalena: "Ella hizo lo que pudo". Nuestros abuelos también "hicieron lo que pudieron". Bien podemos honrarlos por su amor y fidelidad.

Del mismo modo, en nuestro corazón surge el deseo de honrar a otros que han sido usados por Dios para traernos bendición. Se les aplica el mismo principio. Nuestros abuelos, nuestros maestros, nuestros pastores, aun los líderes del gobierno que han trabajado en nuestro favor, todos ellos son dignos de respeto y honor. "Delante de las canas te levantarás, y honrarás el rostro del anciano, y de tu Dios tendrás temor. Yo Jehová" (Levítico 19:32). Esta es también una promesa de lo que el Señor nos capacitará para realizar, si creemos que nos ha sacado "de la tierra de Egipto, de casa de servidumbre". "Corona de honra es la vejez, que se halla en el camino de justicia" (Proverbios 16:31). "La gloria de los jóvenes es su fuerza, y la hermosura de los ancianos es su vejez" (Proverbios 20:29). Los jóvenes serán algún día ancianos, y si han mostrado respeto y honor para con sus mayores, en su vejez cosecharán la misma bendición. Al obedecer el principio que encierra el quinto mandamiento, creamos un pequeño cielo en torno a nosotros. Es cierto que vamos rumbo al cielo, pero mientras llegamos podemos vivir rodeados de la atmósfera celestial.

Dios nos ha advertido que en los últimos días muchos carecerían de la fe necesaria para obedecer el quinto mandamiento. Le dice el apóstol Pablo a Timoteo: "También debes saber esto: que en los postreros días vendrán tiempos peligrosos. Porque habrá hombres amadores de sí mismos, avaros, vanagloriosos, soberbios, blasfemos, *desobedientes a los padres,* ingratos, impíos, sin afecto natural" (2 Timoteo 3:1-3), la cursiva es nuestra. Esta triste condición resulta porque muchos no han escuchado el verdadero Evangelio de Jesucristo en su pureza original. El segundo ángel de Apocalipsis 14 nos amonesta diciendo: "Ha caído, ha caído Babilonia, la gran ciudad" (vers. 8). ¡La transgresión de los primeros cuatro santos mandamientos de Dios, ha resultado en la transgresión de los seis restantes!

Destaquemos un aspecto más: es imposible transgredir el quinto mandamiento, si primero no se ha quebrantado el anterior, el cuarto. Si resguardáramos la santidad del día de reposo del Señor, "el séptimo día" que él ha santificado para nosotros, Dios nos sellaría con su Espíritu Santo. Los lazos familiares rotos serían restaurados al reunirse los miembros del hogar para adorar a Dios sábado tras sábado.

Hay buenas nuevas en el hecho de que por todo el mundo hay muchos amados creyentes que están saliendo de "Babilonia", es decir, la confusión espiritual, para tomar sus lugares en las filas de los "santos" de Dios, "los que guardan los mandamientos de Dios y la fe de Jesús" (Apocalipsis 14:12).

¿Cómo tú, querido lector, no vas a querer estar entre ellos? Jesús te invita. Está juntando una hueste de personas que vienen de toda clase de lugares, personas tristes, infelices, y los está reuniendo a la plena luz de su tierno amor. Se regocijan en la compañía de otros que, como ellos, ahora comparten "la fe de Jesús". *Allí está tu lugar, y él te espera.*

Capítulo 6

LA PROMESA QUE DA VIDA

No matarás. Éxodo 20:13.

Este tema es una nueva exploración del gran Decálogo divino, en la cual los Diez Mandamientos de Dios se revelan como diez promesas de gloriosa victoria sobre el pecado. Hay un secreto que nos permite comprender qué son realmente los Diez Mandamientos. Una vez que lo aprendemos, la eterna ley divina se convierte en la mejor noticia que el mundo haya escuchado alguna vez.

El sexto mandamiento, que dice: *"No matarás"* (Éxodo 20:13), es el que la gente más quebranta, sin darse cuenta. Pero, ¿cómo es posible quebrantar *ese* mandamiento sin darse uno cuenta de lo que hace? Bueno, Dios ha revelado la respuesta de modo que todo el mundo puede verla: es la crucifixión de Cristo. ¡Los que lo crucificaron, quebrantaron el sexto mandamiento! Todos ellos, judíos y gentiles, se unieron en el asesinato del Hijo de Dios, y al orar por ellos, Jesús dijo: "Padre, perdónalos, porque no saben lo que hacen" (S. Lucas 23:34).

Al orar Jesús ese viernes por los que le quitaban la vida, su plegaria abarcó todo el mundo, porque la solemne verdad es que hoy no somos mejores que esa gente. De hecho, tuvimos suerte de no haber estado allí para tomar parte en el hecho, pero en principio sí lo estábamos.

¿Por qué? "Por cuanto los designios de la carne son enemistad contra Dios" (Romanos 8:7), y por naturaleza todos hemos nacido con una mente carnal. "Todo aquel que aborrece a su hermano es homicida" (1 S. Juan 3:15). Así es la "mente" que poseemos por naturaleza, hasta que, por la gracia de Dios, aprendemos el Evangelio y nos convertimos. Entonces la oración que hiciera Jesús por nosotros recibe respuesta, y experimentamos el perdón.

Cierto pensador, llamado Horacio Bonar, se preguntaba cómo podría él haber participado en la crucifixión de Cristo si hubiera estado allí ese día. Pensaba en su interior: "¡Mi alma se hubiera rebelado contra la posibilidad de participar en un hecho así!" Una noche tuvo un sueño en el cual veía a los rudos y crueles soldados atravesando las manos y los tobillos de Jesús con los gruesos clavos, y levantándolo en la cruz. En su agonía (pues el sueño le parecía completamente real), tomó a uno de los soldados por el cuello, y sacudiéndolo le gritó: "¡No cometas tan terrible crimen!" Entonces el soldado se dio vuelta para mirarlo... ¡y para su horror Bonar vio que el rostro era el suyo propio!

Nacemos centrados en nosotros mismos, bajo el impulso primordial de luchar y desgarrar con tal de obtener el primer lugar, aunque para lograrlo tengamos que pisotear a todos los demás. ¡Veamos cuántas guerras han plagado nuestro mundo! Soldados que nunca quisieron matar a nadie, en el calor de la batalla se vuelven locos y disparan en todas direcciones.

Muchos que han perdido la paciencia se han salvado de cometer un asesinato sólo porque no tenían a mano una pistola cargada. Nos engañamos a nosotros mismos si decimos: "¡Yo nunca podría hacer eso!" ¿Se acuerda usted del apóstol Pedro? Protestó en todos los tonos que él nunca negaría a su Señor, pero lo hizo por tres veces, antes que cantara el gallo a la madrugada siguiente.

Los que habían presenciado la crucifixión de Cristo —y muchos que habían participado en ella— se dieron cuenta de la enormidad del hecho cuando Pedro les dijo: "A este Jesús a quien vosotros crucificasteis, Dios le ha hecho Señor y Cristo". Temblando de pavor, gritaron: "Varones hermanos, ¿qué haremos?" Entonces supieron que habían participado en el mayor crimen de la historia, *¡y no se habían dado cuenta de ello!* Los apóstoles respondieron: "Arrepentíos, y bautícese cada uno de vosotros en el nombre de Jesucristo para perdón de los pecados" (Hechos 2:36-38).

Así como la semilla de la encina contiene el árbol entero, también el asesinato está contenido en el pensamiento o impulso del odio. Cuando la bellota cae al suelo para germinar, Dios ya puede ver la enorme y majestuosa encina. Por eso el apóstol Juan dice: "Todo aquel que aborrece a su hermano es homicida" (1 S. Juan 3:15). Y Jesús dice: "Oísteis que fue dicho a los antiguos: No matarás; y cualquiera que matare será culpable de juicio. Pero yo os digo, que cualquiera que se enoje contra su hermano, será culpable de juicio" (S. Mateo 5:21, 22).

La ira violenta que satura los filmes y las producciones de la televisión, es el espíritu de Satanás que toma posesión de los corazones humanos. En los ojos de la gente fulgura el odio, y con demasiada frecuencia hace explosión en el seno de las familias. Hay dos espíritus trabados en mortal combate: el espíritu de Satanás y el espíritu de Cristo. La arena del conflicto es el corazón humano. La ira puede ser candente y violenta, o puede ser el desprecio y rechazo frío y silencioso que interiormente hace desear que el enemigo sea destruido. Ambas clases constituyen el pecado de asesinato, pues son "bellotas", semillas que sólo necesitan tiempo para convertirse en el árbol del hecho consumado.

Padres y madres, vigilad el corazón de vuestros hijos en busca de estas semillas. La ira de los niños parece ser inocente, y hasta divertida, pero ¡cuidado! Hay demasiados padres y madres que más tarde han tenido que asistir a sesiones de la corte y ver cómo sus hijos o hijas son acusados de homicidio.

Una pareja de creyentes dejaron de asistir a la iglesia, porque el pastor predicó un sermón en el cual hablaba de la "culpabilidad corporativa", es decir, que el pecado de los demás sería el pecado nuestro, a no ser por la gracia de Cristo. Quería destacar el hecho de que todos necesitamos un Salvador, y no conocemos ni nos damos cuenta de cuán profundo es el pecado que acecha bajo la superficie de nuestros propios corazones. Pensamos que estamos bien, sin saber qué males somos capaces de cometer. La pareja dijo: "Esto nos ofende. No somos tan malos".

Algún tiempo después, el esposo trabajaba en el jardín frente a su casa, cuando uno de sus vecinos se detuvo a quejarse de algo. El diálogo se volvió ácido, luego amargo, y nuestro amigo llegó al punto de perder la paciencia. En un momento, levantó la pala y estaba a punto de lanzarse sobre el vecino, cuando de súbito palideció, y temblando de horror, dejó caer la pala y corrió a su casa. "¡Esposa mía, casi me convierto en un criminal! —gritó—. ¡Nunca pensé ser capaz de airarme hasta ese punto!"

La esposa le preguntó: "¿No sería eso lo que el pastor quería decir cuando nos habló del mal que anida en nuestros corazones humanos?" La pareja volvió a la iglesia.

Si comprendemos correctamente el sexto mandamiento, que dice "No matarás", vemos que es una promesa según la cual Dios nos salvará de la posibilidad de incurrir alguna vez en tal culpabilidad, si creemos lo que dice el prólogo del Decálogo: *"Yo soy Jehová tu Dios, que te saqué de la tierra de Egipto, de casa de servidumbre"* (Éxodo 20:2). La "casa de servidumbre" es este mal del egoísmo con que hemos nacido como descendientes naturales de Adán. Ese amor al yo ejerce un dominio férreo sobre nosotros, que nada puede romper excepto la salvación de Dios.

Pero Cristo ha quebrantado ese férreo dominio; el Padre lo envió "en semejanza de carne de pecado, y a causa del pecado", de modo que "condenó al pecado en la carne; para que la justicia de la ley se cumpliera en nosotros, que no andamos conforme a la carne, sino conforme al Espíritu" (Romanos 8:3, 4). Cristo tomó sobre su naturaleza no pecaminosa nuestra naturaleza pecaminosa, para aprender lo que significa ser tentado en todo así como nosotros somos tentados, pero sin caer en pecado, como dice Hebreos 4:15. Cristo fue tentado a airarse, tal como nosotros. Sin embargo, rechazó la tentación, y siempre mantuvo su ira humana bajo el control absoluto de su amor. Nadie ha sufrido jamás tal provocación a la ira como la que sufrió Cristo, con todos los insultos, la constante e irrazonable oposición, el odio de los dirigentes de su pueblo; todo eso constituía una enorme presión y una tentación a perder la paciencia, a dejar que su temperamento se exaltara.

Los discípulos de Jesús se doblegaron bajo una minúscula fracción de la presión que él debió soportar. En cierta ocasión en que Cristo y sus discípulos se dirigían a Jerusalén, el Señor los mandó a que se adelantaran y fueran a una aldea de samaritanos para buscar una posada donde todos pudieran pasar la noche. Los samaritanos estaban llenos de prejuicios raciales, de modo que se negaron a recibirlos. "Viendo esto, sus discípulos Santiago y Juan, le dijeron: 'Señor, ¿quieres que mandemos que descienda fuego del cielo, como hizo Elías, y los consuma?'"

Pero Jesús no aprueba esos arranques de ira, ni aun cuando haya justa razón para perder la paciencia. Así que los reprendió, diciendo: "Vosotros no sabéis de qué espíritu sois". Y en vez de enojarse con los aldeanos que no lo quisieron recibir, Jesús se retiró de allí discretamente, pero con plena dignidad, "porque el Hijo del Hombre no ha venido para perder las almas de los hombres, sino para salvarlas. Y se fueron a otra aldea" (S. Lucas 9:54-56).

Cristo está dispuesto a concedernos su propio carácter capaz de guardar la calma ante la provocación, si creemos en el prólogo de los Diez Mandamientos. ¡Qué bendición! El creyente llega así a ser más grande que los astros deportivos, más poderoso que el general de un gran ejército. "Mejor es el que tarda en airarse que el fuerte; y el que se enseñorea de su espíritu, que el que toma una ciudad" (Proverbios 16:32).

Quizás alguien diga: "¡Pero mi problema es que no sé cómo mantener la calma! ¡Cuando me enojo, se me enrojecen hasta los ojos, comienzo a temblar, me vuelvo loco, y no puedo controlarme!"

¡Ah! ¿Sí? Entonces usted es quien necesita las buenas nuevas que contiene este sexto mandamiento. Cristo no nos promete realizar un pequeño acto de milagros; él ya nos ha concedido la liberación completa de este pecado terrible. "Te saqué... de casa de servidumbre", nos dice. Las cadenas ya están rotas. En otras palabras, usted andará en libertad porque "busca" —es decir, usted ama— esas diez grandes promesas de justicia por fe en Cristo.

¡Cuántos matrimonios que una vez fueran felices, no han sido arruinados porque uno o ambos cónyuges perdieron la calma e intercambiaron palabras airadas o de amargura! Una vez pronunciadas, las palabras de ira, como las brasas, perduran en la memoria, y matan la hasta entonces tierna relación. Padres e hijos se ven separados por esos amargos estallidos de ira. También los amigos. De esa amargura surgen guerras, masacres, y limpiezas étnicas, es decir, genocidios. ¿De dónde vienen las guerras y los pleitos entre vosotros? ¿No es de vuestras pasiones, las cuales combaten en vuestros miembros? (Santiago 4:1).

Los trágicos acontecimientos en Littleton, Colorado, son los últimos en una sórdida secuela de masacres similares en las escuelas públicas de los Estados Unidos, donde ya cunde un pánico despavorido ante el macabro fenómeno de niños matando niños.

Son las mismas escuelas donde la pseudo-ciencia hace décadas que reemplazó al Dios Creador; prohibió las Sagradas Escrituras y las oraciones, informando al alumnado que sus progenitores son monos; que no hay Dios en los cielos, ni verdades absolutas en la tierra. ¡No en balde estamos como estamos!

¡Cómo hace falta que nuestros queridos jóvenes reciban la esperanza que viene de Dios! Que sepan que de Dios vienen y a Dios van; que ese Dios los ama con amor eterno y tiene un maravilloso plan para sus preciosas vidas.

Hace poco tuve el privilegio de conocer un joven cuya vida fue dramática y milagrosamente transformada, gracias a cómo el amor de Dios lo alcanzó por medio de *La Voz de la Esperanza*.

Sucedió un domingo en Nueva York. En ese día, la desesperanza y la esperanza se encontraron, y un joven fue rescatado en el preciso momento cuando, desesperado, contemplaba el suicidio.

Ese domingo, Rubén se sentía abrumado por una vida sórdida e infructífera. "No sirves para nada, ¡mátate!, le decían las voces de su drogadicción, encontrando eco en el callejón sin salida de su vida pandillera y drogadicta. Con autodesprecio en el corazón y cuchillo afilado en mano se encerró en el baño para ejecutar su macabro propósito.

Pero *Dios tenía otro plan* para Rubén: *¡de vida y no de muerte!* Su Espíritu Santo impresionó a su mamá, ávida radioescucha de *La Voz*. Y aunque ajena al mal que urdía en la atormentada mente de su hijo, decidió dejar la radio encendida en alta voz justo en la estación donde en breves minutos se transmitiría *La Voz de la Esperanza.*

Mientras tanto Rubén se permite una última recriminación. Se le ocurre que él es "otro Judas". Él también había vuelto sus espaldas a Jesús, rehusando toda invitación a seguirle. Ahora lo que faltaba era seguir en las pisadas fatídicas del infame traidor.

Súbitamente, en el preciso momento de su mayor hundimiento, irrumpe la apertura del programa. Ese día contenía un mensaje del cielo para Rubén. ¿Su título? EL SUICIDIO DE JUDAS.

¿Qué impacto tuvo en el joven? En una entrevista para la radio, lo expresó con estas palabras:

"Para mí fue como escuchar la propia voz de Dios hablándome, llamándome. Me dirigí hacia la radio, llorando. Escuché atentamente el mensaje, que concluyó diciendo que Judas debió haberse aferrado a la cruz, aunque pasara la vida con el dolor de haber entregado al Hijo de Dios. Eso hice yo: abrazando la cruz de Cristo decidí que nunca más iba a pensar en quitarme la vida".

¡Alabado sea Dios! Rubén solicitó el curso *Tiempo Joven* y entregó su vida a Dios. Hoy se halla cursando el último año del curso de teología, en la Universidad Adventista de las Antillas.

Rubén añade esta nota feliz: *"¿Quién lo diría? Una persona que se encontraba sin esperanza, hoy vive llevándole a otros la esperanza de que Dios puede hacer en la vida de cada uno lo mismo que hizo en la mía".*

Jesús fue enviado del cielo habiéndosele asignado la tarea específica de "salvar al mundo", ¡y la cumplió! Le quebró el cuello a Satanás, de modo que el diablo ya no puede obligarnos a hacer su voluntad. Cristo libertó nuestra voluntad, de modo que ya no estamos en el "Egipto" de la esclavitud del pecado. "Aprended de mí

—dice—, que soy manso y humilde de corazón, y hallaréis descanso" (S. Mateo 11:29).

Amigo lector, hay mucha gente buena y sincera, que sabe que se halla encadenada en un calabozo. Estas personas no quieren ser esclavas de sus codicias, de sus pasiones o de su mal genio satánico. A ojos de sus amigos o de sus compañeros de trabajo parecen ser, por lo menos en lo exterior, "santos". Pero cuando están en casa, o en algún lugar donde piensan tener control, y aumenta la presión, revientan. Algunas personas gastan fortunas en psiquiatras, con la esperanza de ser libradas. Para todas ellas son las buenas nuevas: "Cree en el Señor Jesucristo, y serás salvo" (Hechos 16:31). En otras palabras, cree y aprecia lo que el Salvador ya soportó por ti. Aprecia lo que logró por su sacrificio en el Getsemaní y en la cruz. Permite que tu egoísta corazón se una con el suyo, identifícate con él, póstrate junto a él mientras ora en el jardín de Getsemaní, diciendo: "No se haga mi voluntad, sino la tuya". Míralo aceptar el sufrimiento y muerte de la cruz, la separación eterna de su Padre, y todo por ti. La muerte que él experimentó no fue lo que nosotros llamamos "sueño", sino la segunda muerte que nos correspondía. Al hacerlo, soportó la maldición divina para que tú pudieras ser libre. ¡El pecado ya ha sido vencido para siempre!

Póstrate sobre tus rodillas y agradécele. Hace poco, un periódico de California publicó un artículo que decía: "El ejercicio que usted necesita es el que consiste en doblar las rodillas y orar".

Sí; orar, no para convencer a Dios o rogarle que nos bendiga, pues él está más dispuesto a bendecirnos que nosotros estamos a recibir la bendición. En cambio, nuestra oración tiene el propósito de agradecerle por habernos ya librado de la "casa de servidumbre".

Amigo lector, ten por seguro que tu oración de agradecimiento será el comienzo de tu liberación.

Capítulo 7

LA PROMESA DE LA DICHA CONYUGAL

No cometerás adulterio. Éxodo 20:14

*H*ay dos formas de interpretar los Diez Mandamientos. Podemos verlos a través de los lentes oscuros del antiguo pacto, con el fuego, los truenos, los rayos y los terremotos del monte Sinaí, o podemos leerlos a la luz brillante de las buenas nuevas que provee el nuevo pacto. El antiguo Israel los leía con el antiguo pacto en mente, y podemos ver su historia, llena de altibajos (más bajos que altos), desde su misma experiencia junto al Sinaí. Toda la historia del antiguo Israel es como un largo día nublado, con sólo un rayo ocasional del sol del Evangelio que logra brillar a través de las nubes. Con el tiempo, Israel y Judá fueron llevados cautivos, el templo y la ciudad de Jerusalén destruidos, y terminaron crucificando a su Señor. Esta fue la cosecha del antiguo pacto.

Miremos ahora a través del nuevo pacto al conocido mandamiento número siete, que ha preocupado a tanta gente. Desde este nuevo punto de vista, se convierte en una promesa de que no caeremos jamás en esa trampa; nunca seremos avergonzados o derrotados.

Dice el séptimo mandamiento: *"No cometerás adulterio"* (Éxodo 20:14). Los lentes del antiguo pacto lo hacen parecer una prohibición molesta, destinada a quitarnos un goce más. Multitudes piensan que no se la puede obedecer. Preguntan: "¿No quiere Dios que nos divirtamos? ¿No comprende cómo es nuestra naturaleza? ¿No nos creó como somos, varón y mujer? ¿Por qué nos condena cuando seguimos nuestros deseos naturales?"

En primer lugar, Dios no nos condena. Cuando le trajeron a Jesús una mujer que había sido "tomada en adulterio", el Salvador le dijo: "Ni yo te condeno; vete, y no peques más" (S. Juan 8:11). Dios puede perdonar ese pecado; pero el problema es que el adulterio nos hiere y destruye nuestra felicidad. Si nos cortan un brazo o una pierna, podemos sobrevivir, pero la cicatriz producida por la herida, y la falta de ese miembro siempre estará allí. Dios se compadece y ama al caído, pero es por nuestra propia felicidad que nos ha dado el séptimo mandamiento, para librarnos de recibir esa herida.

Cuando cedemos a los clamores de nuestra naturaleza pecaminosa, obtenemos una satisfacción puramente momentánea que más tarde nos envenena la memoria. No sólo se quebranta la divina "ley de libertad" (Santiago 2:10-12) al cometer literalmente el pecado, sino que Jesús nos advirtió que aun el acto de mirar pornografía constituye la esencia del pecado: "Oísteis que fue dicho: 'No cometerás adulterio'. Pero yo os digo, el que mira a una mujer para codiciarla, ya adulteró con ella en su corazón" (S. Mateo 5:27, 28).

El preámbulo de los Diez Mandamientos, *"Yo soy Jehová tu Dios, que te saqué de Egipto, de casa de servidumbre"* (Éxodo 20:2), transforma la ley de Dios en promesas. Mira lo que *ya he realizado* por ti, nos dice Dios. Estabas cautivo en el "Egipto" de las tinieblas espirituales, pero yo, tu Salvador, he abierto la cárcel y te he dado la libertad. Ese preámbulo nos asegura que nuestro Salvador limpiará el corazón, la fuente misma de nuestro ser. Muchos hombres y mujeres cautivos de los pensamientos impuros anhelan ser libres.

Cuando se comprende el séptimo mandamiento como la séptima promesa, significa una renovación completa, la reconstrucción del alma desde la misma base. Muchos de los que caen en la trampa del adulterio han heredado una niñez defectuosa. Si son varones, nunca han aprendido a respetar o comprender a las mujeres; éstas, por su parte, han crecido temiendo a los varones: por una parte, deseándolos, y por otra, rechazándolos. Sólo estando "en Cristo" podemos sentirnos realmente cómodos en nuestras relaciones con el sexo opuesto. El agente liberador es el amor (*ágape*) de Cristo. Alcanza hasta lo profundo de nuestra mente, y sana heridas que pueden estar demasiado ocultas como para que nos demos cuenta de su existencia. Jesús es el gran Médico, y se complace en sanar antiguas heridas.

Alguien dirá: "Mi problema es que me he enamorado de tal o cual persona". Amigo, amiga, lo que tú piensas que es amor fuera del matrimonio, es algo inferior. Es como el oropel comparado con el oro genuino; sólo parece ser real. Con un poco que escarbes bajo la superficie, te darás cuenta de que no es más que un guijarro sin valor. Por eso es que esa pasión, ese arrebato, no dura. "El amor *(ágape)* nunca se acaba" (1 Corintios 13:8). Nadie nace con ese amor; nunca lo adquirimos a través de nuestros genes. Es un amor que tenemos que importar del exterior, tenemos que "aprenderlo". Y el Maestro de ese amor es Cristo.

Si amamos a alguien con *ágape*, no podemos hacerle daño; no podemos robarle la dignidad que Dios le ha concedido. En el verdadero amor, el *ágape,* no hay egoísmo. Muchacha, si un joven te dice: "Te amo; por lo tanto, ¡dame tu cuerpo!", ten por seguro que te está engañando. Además, lo probable es que se esté engañando también a sí mismo. Si te ama de veras, no tratará de obtener acceso a tu cuerpo antes que Dios os haya unido a ambos en el santo estado del matrimonio. Entonces el verdadero amor nunca morirá. ¡Es imposible cometer adulterio cuando el corazón está lleno de *ágape,* el amor que viene de Dios!

Y tú, joven, sé noble: apártate decididamente de la muchacha que quiera enredarte en las redes de la sensualidad. Correctamente entendido, el séptimo mandamiento se refiere al amor verdadero, pues sus palabras son "para que te guarden de la mala mujer, de la blandura de la lengua de la mujer extraña. No codicies su hermosura en tu corazón, ni ella te prenda con sus ojos; porque a causa de la mujer ramera el hombre es reducido a un bocado de pan; y la mujer caza la preciosa alma del varón. ¿Tomará el hombre fuego en su seno, sin que sus vestidos ardan? ¿Andará el hombre sobre brasas sin que sus pies se quemen? Así es el que se llega a la mujer de su prójimo; no quedará impune ninguno que la tocare" (Proverbios 6:24-29. Recuerda: Toda mujer que Dios no te dio por esposa en santo matrimonio, es "la mujer de tu prójimo"; no te pertenece.

Anteriormente mencionamos que el preámbulo del Decálogo nos dice que Dios ya nos ha salvado del dolor y la humillación que entraña el adulterio. Cristo ocupó el lugar de Adán como cabeza de la raza humana; tomó sobre sí nuestra naturaleza carnal, corrompida y pecaminosa. Tentado en todo, tal como nosotros, vive en nuestro ser una vida pura y santa, lo cual nos produce la felicidad plena. El Salvador nos concede libremente todos los triunfos, todo lo que cumplió en su vida personal.

Ante este cuadro, debo confesar mi preocupación por un grave peligro que ha surgido en el camino de los creyentes. Me refiero a que hay una doctrina muy esparcida en el mundo, la cual niega esta verdad bíblica fundamental. En cambio, afirma que en su encarnación, Jesús fue "eximido" de heredar la misma carne o la misma naturaleza que todos compartimos. Exalta una idea de origen humano, que la Palabra de Dios no enseña en ninguna parte. Según esta falsedad, cuando la Virgen María fue concebida en el vientre de su madre, sucedió un milagro que le impidió heredar el mismo ADN, es decir, los genes y cromosomas que todo hijo o hija de Adán ha heredado naturalmente.

Esta enseñanza es conocida con el nombre de "la Inmaculada Concepción", y significa que la Virgen María tenía un ser físico, una naturaleza diferente a nuestra naturaleza humana normal. Desde luego, esta doctrina tuerce la verdad acerca de la naturaleza de Cristo, por cuanto supone que la Virgen le habría transmitido a su Hijo, Jesús, el mismo tipo de naturaleza física inhumana, sin pecado, que ella —según esto— poseía. Así, esta enseñanza termina diciéndonos que no es posible que Jesús haya sido "tentado en todo según nuestra semejanza", como lo afirma la Biblia en Hebreos 4:15. Es cierto que Jesús era completamente "sin pecado". Su carácter era santo; el Salvador era justo; pero la carne que tomó sobre sí era la "semejanza de carne de pecado"; y en esa misma naturaleza caída "condenó al pecado en la carne" (Romanos: 8:3, 4). Sintió el Señor la fuerza de todas nuestras tentaciones, pero las rechazó todas y cada una, conquistando el pecado en nuestra propia carne humana, nuestra naturaleza caída. ¡Y el preámbulo de los Diez Mandamientos nos asegura que nuestro Señor le concede la victoria a todo aquel que acepta su don!

Esto significa que el ángel no mintió cuando le dijo a José, antes del nacimiento de Jesús: "Él salvará a su pueblo de sus pecados", no en sus pecados (S. Mateo 1:21).

Tenemos un Salvador que "puede salvar perpetuamente a los que por él se acercan a Dios, viviendo siempre para interceder por ellos" (Hebreos 7:25). Sin duda hemos oído la historia de la ciudad edificada al pie de un acantilado, donde era frecuente que los que se acercaban al borde se cayeran, sufriendo heridas, a veces de gravedad. Las autoridades, al ver la situación, decidieron comprar una ambulancia. ¡Pero hubiera sido mucho mejor invertir el dinero en poner un cerco a la orilla del precipicio! Jesús es nuestro único Salvador, y nos libra plenamente del pecado, no en el pecado. Y para hacerlo no necesita la ayuda de nadie. No hay tal cosa como un corredentor.

Debemos recordar, sin embargo, que no por habernos

convertido de veras dejaremos de sentir la tentación. Nuestra naturaleza caída y pecaminosa no será eliminada sino hasta cuando Jesús vuelva y glorifique a los santos que lo esperan. Sólo entonces nuestra carne con tendencia al pecado se convertirá en "carne santa" y "todos seremos transformados. En un momento, en un abrir y cerrar de ojos, a la final trompeta" (1 Corintios 15: 51, 52). Mientras tanto, Jesús nos asegura que con nosotros estará el mismo Espíritu Santo que estaba siempre con él y lo salvaba de caer en tentación: "Y habiendo dicho esto, sopló, y les dijo: 'Recibid el Espíritu Santo'" (S. Juan 20:22).

Este es el precioso don que Cristo ha prometido a todo aquel que cree en él: "Yo rogaré al Padre, y os dará otro Consolador, para que esté con vosotros para siempre: el Espíritu de verdad..." "El Consolador, el Espíritu Santo, a quien el Padre enviará en mi nombre, él os enseñará todas las cosas, y os recordará todo lo que yo os he dicho" (S. Juan 14:16, 26).

El Espíritu Santo es el verdadero Vicario de Cristo. El Padre lo ha enviado como el Representante personal de su Hijo. Si Jesús estuviera aquí en persona, usted y yo no tendríamos ninguna posibilidad de verlo, porque multitudes lo rodearían. Pero a través del Espíritu Santo, el mismo Jesús ha llegado hasta cualquiera de nosotros que le dé la bienvenida. Ha prometido ser el Consolador, palabra que significa que se sienta junto a nosotros y no nos abandona nunca. Dios ha prometido tomarnos de la mano y afirmarnos cuando estemos a punto de caer (ver Isaías 41:10, 13).

Cuando pensamos haber hallado la felicidad mirando al rostro de alguien, lo que nuestro corazón verdaderamente anhela es contemplar el rostro de Jesús que nos sonríe. No nos dejemos confundir y desviar por un amor falsificado. Lo que nuestros corazones más anhelan es "paz con Dios". Contemplemos su rostro sonriente, de modo que el cielo comience para nosotros aquí mismo, en la tierra. Como si fuéramos alumnos de una escuela, el Espíritu Santo nos enseñará a ser felices en nuestro matrimonio. A menudo tendremos que pedirnos mutuamente perdón, y perdonaremos a nuestro cónyuge apreciando el perdón que Jesús nos ha concedido a nosotros. La felicidad comienza cuando el esposo y la esposa pueden tomarse de la mano y postrarse para pedirle al Señor que bendiga su matrimonio. Dios anhela hacerlo, y cumplirá sus deseos. Las oraciones que más se deleita en responder son aquellas en que al hacerlas, ambos cónyuges están de acuerdo en lo que piden.

Cuando se destruye el hogar, la tristeza y el dolor embargan no sólo el corazón del esposo y la esposa. También le causan nuevas heridas al corazón del Salvador. Su honor está comprometido con la felicidad de nuestros hogares. Es Satanás el que nos dice a todos que el matrimonio es un ideal imposible, que dos personas no pueden ser fieles una a la otra, que el invento divino del matrimonio fue un error, y que Dios ha sido derrotado. Cada vez que un hogar se quebranta, eso es otro voto en favor de Satanás.

Quizás en el corazón del alguien surja este clamor: "¡Quisiera ser feliz, y que mi hogar no se destruyera! Pero quien está quebrantando nuestra unión es mi cónyuge". Amiga mía, amigo lector, en el siguiente consejo de Pablo hay un gran tesoro de sabiduría: "El marido incrédulo es santificado en la mujer [creyente], y la mujer incrédula en el marido [creyente]... Porque,

¿qué sabes tú, oh mujer, si quizás harás salvo a tu marido? ¿O qué sabes tú, oh marido, si quizás harás salva a tu esposa?" (1 Corintios 7:14-16). ¿Que se trata de un milagro? ¡Claro, desde luego! Pero Dios se deleita precisamente en obrar milagros por su gracia, en estos días finales en los que tantos hogares están envenenados por la infidelidad. Según este pasaje, si el cónyuge *creyente* permite que el Espíritu Santo llene su corazón de humildad, fe y comprensión, el cónyuge *no creyente* a menudo puede ser llevado al arrepentimiento y la conversión.

Querido lector, acepta el séptimo mandamiento como una promesa: cree que el Señor te ha sacado de la casa de servidumbre, te ha librado de la esclavitud de "Egipto", es decir del pecado; cree que Jesús derramó su sangre preciosa para salvarte; entonces "no cometerás adulterio". ¡Tampoco empujarás a tu cónyuge a caer en la tentación! El amor de Cristo es mayor que toda la maldad que el diablo pueda enviar a nuestros hogares. ¡Cristo puede cambiar y suavizar interiormente de tal manera tu corazón, que provoque en ti un cambio tan grande que induzca a tu cónyuge a enamorarse de ti!

¡Alabado sea el Señor por tan gran bendición!

Capítulo 8

LA PROMESA QUE NOS HACE HONESTOS

No hurtarás. Éxodo 20:15.

*S*i alguno de nosotros nunca ha robado nada, probablemente ha nacido en Marte, porque en este mundo "no hay justo, ni aun uno" (Romanos 3:10); todos los hijos e hijas de Adán deben reconocer "su culpa ante Dios" (vers. 19). ¡Todos nosotros necesitamos un Salvador!

El octavo mandamiento del Decálogo dice: "No hurtarás" (Éxodo 20:15). Mucha gente quebranta este mandamiento sin saberlo. Es común pensar que no es posible obedecerlo plenamente y en verdad. Pero si se lo comprende correctamente, se trata de una promesa, no de una dura prohibición. La razón por la cual se piensa que es imposible obedecerlo, es porque no se han comprendido los Diez Mandamientos que Dios promulgó en el monte Sinaí. Nos hemos olvidado de algo que Dios dijo en esa ocasión.

Lo que todos parecen dejar fuera del Decálogo es el preámbulo, según hemos mencionado. *"Y habló Dios todas estas palabras, diciendo: 'Yo soy Jehová tu Dios, que te saqué de la tierra de Egipto, de casa de servidumbre'"* (Éxodo 20:1, 2).

En estos términos, Dios se presenta ante nosotros como nuestro Salvador, habiendo ya logrado algo trascendental: darse a sí mismo como sacrificio por la humanidad. "Derramó su vida hasta la muerte" por cada uno de nosotros (Isaías 53:12). "La paga del pecado es muerte" (Romanos 6:23), pero Cristo tomó sobre sí esa "paga", y gustó "la muerte en beneficio de todos" (Hebreos 2:9). En este precioso preámbulo de su ley, Dios no quiere que lo consideremos un Salvador potencial; no quiere que pensemos que "quizás", "a lo mejor" o "posiblemente" nos salvará si primero hacemos todo lo correcto y no hurtamos ni siquiera un centavito. Por el contrario, Dios quiere que creamos en lo que ya es: a saber, "el Salvador del mundo" (S. Juan 4:42).

De este modo, si recordamos el preámbulo y lo integramos con los Diez Mandamientos, Dios nos dice: "Ahora ya no hurtarás. Nunca caerá esta mancha sobre tu registro. ¡Ahora podrás andar con tu cabeza erguida en todo lugar y ocasión! Yo te salvaré de ese pecado.

Hurtar es pecado. Pero el ángel que habló con José poco antes que naciera Jesús, hizo esta promesa: "El salvará a su pueblo *de* sus pecados", no *en* sus pecados (S. Mateo 1:21). Al pensar en este mandamiento, "No hurtarás", podríamos concentrarnos en repasar las diferentes formas de quebrantarlo, y cuán fácilmente podemos caer bajo la culpabilidad de hurtar sin darnos cuenta de lo que hacemos. Pero este mensaje no ha sido preparado para cargarnos de culpas. En cambio, podemos repasar cuán grande es la salvación que Cristo nos concede:

1. Una forma de robar es no pagarle al gobierno nuestros impuestos legítimos. Jesús enseñó que es importante pagarlos honradamente, cuando dijo: "Dad al César lo que es del César" (S. Mateo 22:21). Hablaba del gobierno romano de sus días. El inspirado apóstol Pablo explica el porqué, en estos términos: "Sométase toda persona a las autoridades gobernantes, porque no hay autoridad sino de Dios, y las que existen, fueron establecidas por Dios. Así, quien se opone a la autoridad, resiste a lo que Dios estableció". Y no pagar los impuestos correctos es "resistir".

Pablo agrega que el que es deshonesto con el gobierno se acarrea condenación. "Porque los magistrados no están para atemorizar al que hace el bien, sino al malo. ¿Quieres no temer la autoridad? Haz lo bueno, y tendrás su alabanza. Porque el *magistrado* es un servidor de Dios para tu bien. Pero si haces lo malo, teme; porque no en vano lleva la espada, porque es servidor de Dios, vengador para castigar al que hace el mal".

Es por esta razón que Pablo dice que los que son verdaderos seguidores de Jesús, serán honestos con el gobierno "no sólo por causa del castigo, sino por la conciencia. Por eso pagáis también los impuestos; porque las autoridades son funcionarios de Dios, que dedican todo su tiempo a su oficio. Pagad a todos lo que debéis: al que tributo, tributo; al que impuesto, impuesto; al que respeto, respeto; al que honra, honra. No debáis a nadie nada, sino amaos unos a otros" (Romanos 13:1-8 NRV).

Amigo lector, quizás digas: "Pero el gobierno es

corrupto; los políticos se roban el tesoro nacional; la policía acepta cohecho". Todo esto puede ser verdad, pero la Palabra de Dios sigue siendo verdad por sobre todo. Si no hubiera gobierno, la nación estaría bajo la anarquía total; nadie tendría segura la vida ni la propiedad. Dios puede bendecir un gobierno, o puede retirarle su bendición; en gran manera, lo que ocurra dependerá de la honestidad básica de la misma gente. Y cuando pagues tus impuestos, ofrécele a Dios una oración por tu gobierno y los servidores públicos que lo integran. ¡Entonces tú recibirás una bendición!

2. Otro punto que recordar: El que aprecia la salvación en Cristo también devuelve su diezmo, o diez por ciento, a Dios. Cuando Jesús dijo: "Dad al César lo que es del César", también dijo que le diéramos "a Dios lo que es de Dios" (S. Mateo 22:21). Surge en seguida la pregunta: ¿Por qué tenemos que darle algo a Dios? La respuesta es que al entregar el diezmo no le estamos *dando* ninguna cosa a Dios; simplemente le estamos *devolviendo* la décima parte de lo que él nos ha dado, como una confesión de que todo lo que tenemos le pertenece. Una versión inglesa de la Biblia llama a Dios el "poseedor de los cielos y la tierra" (Génesis 14:19, KJV). Dice el Señor: "Mía es toda la tierra" (Éxodo 19:5). Y agrega: "Mía es toda bestia del bosque, y los millares de animales en los collados" (Salmo 50:10).

En verdad, es un pecado no reconocer los regalos que se nos hacen. David oró así: "Los ojos de todos esperan en ti, y tú les das su comida a su tiempo. Abres tu mano, y colmas de bendición a todo ser viviente" (Salmo 145:15, 16). Estas palabras traen a nuestra imaginación el cuadro de Dios, en cuclillas, con su mano abierta para que todos comamos de ella, como quien les da de comer a los pájaros o las ardillas. ¿No debiéramos darle las gracias?

El acto de entregarle a Dios nuestro diezmo es como si le dijéramos: "¡Gracias, Señor! Obedeceré tu mandato que dice: 'Acuérdate del Señor tu Dios, porque él te da el poder para hacer las riquezas'" (Deuteronomio 8:18). Cuando nos olvidamos de esto, nos acarreamos sólo problemas, así que es por su bondad y misericordia que Dios nos dice: "Indefectiblemente diezmarás todo el producto del grano que rindiere tu campo cada año" (Deuteronomio 14:22). "Y el diezmo de la tierra, así de la simiente de la tierra como del fruto de los árboles, de Jehová es. Es cosa dedicada a Jehová" (Levítico 27:30).

Quizás alguno se pregunte: "Pero, ¿qué hará el Señor con estos diezmos, siendo que ya es dueño de todo?" La respuesta es que se los da a sus siervos que emplean todo su tiempo proclamando su Evangelio. Le dijo a Israel: "He dado a los hijos de Leví todos los diezmos en Israel por heredad, por su ministerio, por cuanto ellos sirven en el ministerio del tabernáculo de reunión" (Números 18:21). Este bendito plan para el sustento del sagrado ministerio fue adoptado también por la iglesia del Nuevo Testamento: "Así también ordenó el Señor a los que anuncian el evangelio, que vivan del evangelio" (1 Corintios 9:14).

Este mandato es tan serio que cuando dejamos de devolverle a Dios el sagrado diezmo, él lo considera un robo. "¿Robará el hombre a Dios? Pues vosotros me habéis robado. Y dijisteis: '¿En qué te hemos robado?' En vuestros diezmos y ofrendas" (Malaquías 3:8). En el resto del pasaje el Señor promete prosperidad temporal si le obedecemos. Dice así: "Traed todos los diezmos al alfolí, y haya alimento en mi casa; y probadme ahora en esto... si no os abriré las ventanas de los cielos, y derramaré sobre vosotros bendición hasta que sobreabunde" (vers. 10). ¡Las bendiciones de Dios son seguras! Dice el sabio en Proverbios 11:24: "Hay quienes reparten, y les es añadido más. Y hay quienes retienen más de lo que es justo, pero vienen a pobreza. El alma generosa será prosperada" (Proverbios 11:24, 25. Pero la razón por la cual devolvemos el diezmo y damos ofrendas no es la esperanza de una recompensa económica especial; eso sería un motivo egoísta. La verdadera razón es por gratitud a Dios, que nos sacó de la "servidumbre" del Egipto espiritual, y nos salvó eternamente.

La buena nueva es que el Espíritu Santo nos motivará a ser fieles en la entrega de nuestros diezmos y en el acto de dar nuestras ofrendas, de modo que gozaremos siendo liberales. ¡Y aprender a gozar al ser generosos es para todos nosotros los mortales, un verdadero milagro!

3. Destaquemos un tercer aspecto: El octavo mandamiento es una defensa eterna contra cualquier iniciativa que se oponga a la propiedad privada. Mucha gente sincera y honesta ha supuesto que el gobierno tiene la función de redistribuir las riquezas para lograr que todos sean iguales. Pero si estudiamos la Biblia, veremos que Dios reconoce el derecho de la propiedad privada. Cuando la iglesia primitiva y los apóstoles "tenían todas las cosas en común", y "ninguno decía ser suyo propio nada de lo que poseía" (Hechos 4:32-34), era un acto puramente voluntario de compartir lo propio en tiempo de emergencia, motivado por el amor fraternal (Hechos 4:32-34). No era el gobierno el que le quitaba a la fuerza lo perteneciente a un individuo para dárselo a otro. Pedro les dijo a Ananías y Safira que Dios reconocía que su

propiedad les pertenecía (Hechos 5:4), porque Dios le ha dado al hombre dominio sobre la tierra, así como el derecho de gozar de los frutos legítimos de su labor. "El que labra su tierra se saciará de pan", dice Proverbios 28:19. Y Dios no lo obliga a dárselo al que no labra su campo. Nos pide, eso sí, que seamos generosos para ayudar a otros que están en necesidad. ¡El amor de Cristo le pondría fin a la pobreza en todo el mundo!

4. Un cuarto punto que Dios nos enseña es que en todas nuestras transacciones comerciales debemos ser estrictamente honestos, así como también generosos. "Medida buena, apretada, remecida y rebosante"; así es la medida que Dios usa en sus negocios. Norman Rockwell pintó un famoso cuadro de un comerciante que pesaba en su balanza la carne que había escogido una clienta. Mientras el carnicero dirigía su vista al fiel de la balanza, presionaba con su dedo hacia abajo para que la compra pesara más; al mismo tiempo, la dama compradora también miraba la aguja, pero su dedo empujaba la balanza hacia arriba, de modo que pesara menos de lo debido. Pero Dios nos dice: "Cuando vendiereis algo a vuestro prójimo, o comprareis de vuestro prójimo, no engañe ninguno a su hermano" (Levítico 25:14).

Cabe preguntarnos por qué tan a menudo nos sentimos ansiosos de conseguir algo por menos de lo que vale. Como dice Proverbios 20:14: "El que compra dice: Malo es, malo es; mas cuando se aparta, se alaba". ¿La razón? Básicamente es nuestra profunda incredulidad. Dudamos de que Dios nos vaya a dar todo lo que necesitamos. Ningún millonario regatearía el precio de un puñado de zanahorias, porque sabe que puede comprarlas a cualquier precio. Nosotros también necesitamos recordar que, por cuanto somos hijos de Dios, "todo es vuestro... sea el mundo, sea la vida... sea lo presente, sea lo por venir, todo es vuestro, y vosotros de Cristo, y Cristo de Dios" (1 Corintios 3:21-23).

5. Debemos señalar, también, que los juegos de azar, sean o no legales, son una violación del octavo mandamiento. Si un millón de personas paga un dólar cada una en la lotería, y luego un "afortunado" obtiene el premio mayor, a la vista de Dios no tiene derecho a esa fortuna. Es dinero que en realidad les pertenece a otros, a los cuales no se les debía haber animado a separarse de él. El juego no es un "deporte". Es el egoísmo desenfrenado. Un puñado de personas recibe los grandes premios, mientras que multitudes pierden, a veces, hasta todos los ahorros de su vida, o su sueldo, que sus familias necesitaban para su alimento y vivienda.

Hay una atracción fatal en el juego, que le dice a su víctima obsesionada: "Prueba una vez más; quizás ganes". Así, la pobre víctima de este engaño pierde una y otra vez, hasta que llega a la desesperación. Las tragedias que provocan las apuestas y otros juegos de azar son terribles.

Quizás usted piense que si estas víctimas no usan su sentido común, la culpa es sólo de ellos, pues debieran usar mejor su cabeza. Pero el problema es que el juego puede convertirse en una adicción de la misma calidad básica que el alcoholismo, la heroína o la cocaína. El adicto al juego llega al punto de no poder controlarse a sí mismo. Así de poderoso es el anhelo de obtener lo que no nos pertenece.

Amigo mío, amiga lectora, el octavo mandamiento, "No hurtarás", constituye una gloriosa promesa de liberación. El Espíritu Santo llena el corazón del creyente con verdadero odio por la idea de tomar algo que no nos pertenece. ¡Esto también es un milagro de la gracia! El amor nos motivará a ayudar a que el alcohólico deje de beber, porque es un adicto; también nos motivará a que ayudemos a cualquier adicto al juego, que ha perdido el dominio propio, ese precioso don divino.

6. Probablemente, el ladrón más conocido sea Judas Iscariote, uno de los doce discípulos de Jesús. Juan nos dice que Judas era el tesorero del pequeño grupo de discípulos, y que secretamente se embolsaba fondos para su uso personal. Su corazón siempre codiciaba lo ajeno, y eso fue lo que al fin lo condujo a traicionar al Hijo de Dios. El Espíritu Santo ha registrado el caso de Judas para que aprendamos lecciones de sus actitudes y conducta. Después de recibir las "treinta piezas de plata" (¡el precio de un esclavo!), sintió tal remordimiento por su pecado que corrió al concilio del Sanedrín, y arrojó al suelo el dinero. Luego salió y se ahorcó. ¡Cómo llegó a odiar el sucio dinero que no le pertenecía!

Dios es muy misericordioso con nosotros. Su Santo Espíritu nos enseñará ahora, antes que sea demasiado tarde, a respetar todo lo que no nos pertenece por derecho. Así cumplirá en nuestra vida la bendita promesa que contiene el octavo mandamiento: "No hurtarás". Y nos salvará del pecado que destruyó a Judas Iscariote. ¡Gracias a Dios por un Salvador tal!

Capítulo 9

LA PROMESA
QUE GENERA AMIGOS

No hablarás contra tu prójimo falso testimonio. Éxodo
20:16.

El Decálogo no es otra cosa que una serie de diez
promesas. Correctamente comprendida, toda la
Biblia —tanto el Antiguo como el Nuevo Testamento—,
es buenas nuevas, no malas. Dios no es un Legislador
severo que nos carga con una serie de reglas imposibles
de cumplir, bajo amenaza de muerte si las quebrantamos.
Más bien es nuestro Redentor, quien nos salva y nos
capacita para no quebrantarlas.

Quizás alguien se pregunte: "Pero ¿no hay un terrible
juicio venidero en el cual todos seremos sometidos al
duro escrutinio de la ley de Dios?" Sí, pero "si alguno
hubiere pecado, abogado tenemos para con el Padre, a

Jesucristo el justo. Y él es la propiciación por nuestros pecados" (1 S. Juan 2:1, 2). Y añade el apóstol: "Y no sólo por los nuestros, sino también por los de todo el mundo". *Ya es* nuestro abogado defensor, tan sólo si no lo rechazamos. Algunos criminales despiden a sus abogados y terminan perdiendo el juicio. ¡No despidamos a Jesús! Dejemos que él nos sostenga.

El pecado de quebrantar el noveno mandamiento llevará a muchos a perder sus almas. Cuando Dios dice: *"No hablarás contra tu prójimo falso testimonio"*, significa que no debemos mentir, ni siquiera de esas "mentiras blancas"; ni dar una impresión falsa, ni aun por una inclinación de cabeza. El falso testimonio abarca toda clase de chismes, incluso el daño que le podemos hacer a la reputación de alguien con sólo permanecer en silencio cuando está siendo acusado, si sabemos que es inocente y no lo decimos. Podemos ser "testigos falsos" con sólo callar, cuando el buen nombre de alguien está en juego.

Debemos señalar que hay gente sincera que levanta falsos testimonios sin tener idea de lo que hace. Son incluidos en la oración de Jesús en la cruz: "Padre, perdónalos, porque no saben lo que hacen" (S. Lucas 23:34). A veces son los padres quienes enseñan a sus hijos pequeños a mentir. Pero Dios los ama y procura iluminarlos. Él tiene paciencia con nuestra confusión moral, y ha prometido que su Santo Espíritu guiará a los que no saben distinguir el bien y el mal, de modo que aprendan a hacerlo. Él quiere ser su Maestro.

En los dos últimos capítulos de la Biblia se nos advierte, en tres pasajes, que "todo el que ama y hace mentira" no podrá entrar en el reino eterno (Apocalipsis 22:15). Quien no tiene su corazón reconciliado con Dios puede "amar" los libros y filmes que cuentan mentiras, pero tan serio es *practicar* la mentira como lo es el hecho de *amarla*. Si nuestro corazón es deshonesto, ya hemos pecado mucho antes de abrir los labios para pronunciar una falsedad. "Señor... ¿quién morará en tu monte santo? El que... habla verdad en su corazón" (Salmo 15:1, 2). Y Proverbios 10:18 afirma: "El que encubre el odio es de labios mentirosos; y el que propaga calumnia es necio". En otras palabras, podemos sonreírle a alguien, palmearle la espalda, estrecharle la mano, y sin embargo sentir odio por dentro. Todo esto es quebrantar el noveno mandamiento.

El resumen de todo lo dicho es que es imposible que alguno de nosotros los mortales pueda obedecer el noveno mandamiento, si no está verdaderamente convertido hasta lo más íntimo de su ser. Los celos hacia quien parece mejor que nosotros, y aun el deseo de ver a esa persona caer, son realidades que se presentan mucho antes de que pronunciemos una sola palabra en contra suya. Todos sabemos cuán arraigado se halla este problema en nuestro propio corazón. ¡Cuán cierto es lo que dice Romanos 3:10: "No hay justo, ni aun uno"!

¿Podemos dar falso testimonio hablando bien de alguien? Sí, si lo que hablamos es adulación. Decirle algo agradable a alguien, y luego reírse de él a sus espaldas, es levantar falso testimonio. "El hombre que lisonjea a su prójimo, red tiende ante sus propios pasos" (Proverbio 29:5).

David habla del dolor que él debió sufrir: "Los dichos de su boca son más blandos que mantequilla, pero guerra hay en su corazón. Suaviza sus palabras más que el aceite, mas ellas son espadas desenvainadas" (Salmo 55:21). Es muy fácil decirle "¡Buenos días!" a alguien, mientras en nuestro corazón le deseamos todo lo contrario. Pero el noveno mandamiento demanda que seamos honestos en nuestro trato con los demás.

Alguien dirá: "Pero supongamos que sabemos que alguien está haciendo mal. ¿Cómo podemos ser honestos y agradables al mismo tiempo?" Podemos orar por esa persona como Jesús oró por los malvados que lo estaban crucificando: "Padre, perdónalos, porque no saben lo que hacen" (S. Lucas 23:34). No tiene sentido reprender a otros si el amor de Cristo no mora en nuestros corazones. Pero si ese amor está presente, el Espíritu Santo nos enseñará lo que sea a la vez una demostración de amor y de honestidad. Podremos entonces ayudar a la persona; y si no, podemos sentirnos felices porque nuestra propia conciencia estará limpia.

En el proceso de quebrantar el noveno mandamiento, la lengua es, desde luego, el instrumento más común. Dice Proverbios 10:19: "En las muchas palabras no falta pecado, mas el que refrena sus labios es prudente". Y Eclesiastés 5:2 agrega: "No te des prisa con tu boca, ni tu corazón se apresure a proferir palabra delante de Dios... sean pocas tus palabras".

Si nos damos cuenta de cuán fácilmente nos sentimos tentados a engañar, recordemos estas buenas nuevas que proclama el apóstol Santiago, las cuales nos salvan de vivir vidas desastrosas: "Si alguno no ofende en palabra es varón perfecto, capaz de refrenar todo el cuerpo.. Mirad también las naves; aunque tan grandes, y llevadas de impetuosos vientos, son gobernadas con un muy pequeño timón por donde el que las gobierna quiere Así también, la lengua es un miembro pequeño... ¡cuán grande bosque enciende un pequeño fuego! La lengua es un fuego, un mundo de maldad... y ella misma es inflamada por el infierno" (Santiago 3:2-6).

Pero hay buenas nuevas para todos nosotros: el noveno mandamiento se convierte en una promesa para todo creyente que crea el preámbulo del Decálogo, que dice: *"Yo soy Jehová tu Dios, que te saqué de la tierra de Egipto, de casa de servidumbre"* (Éxodo 20:2). Esto significa que "Jehová tu Dios" ya te ha sacado de la "casa de servidumbre", en la cual se hallan todavía quienes quebrantan el noveno mandamiento.

Cristo logró esa hazaña cuando vino a este mundo a tomar nuestra naturaleza pecaminosa sobre su propia naturaleza inmaculada, y a vivir como nosotros debemos vivir en esta sociedad corrupta e inclinada al mal, rechazando constantemente la tentación a mentir o aun a darles a otros una falsa impresión. Afrontó al dragón del pecado en su propia guarida (nuestra naturaleza humana caída), y lo venció: "Dios, enviando a su Hijo en semejanza de carne de pecado, y a causa del pecado, condenó al pecado en la carne" (Romanos 8:3). ¿Y por qué hizo esta obra maravillosa? El versículo siguiente nos lo dice: "para que la justicia de la ley se cumpliese en nosotros, que no andamos conforme a la carne, sino conforme al Espíritu".

En términos sencillos, esta declaración significa lo mismo que el preámbulo del Decálogo: ¡Dios nos ha librado de la tierra de Egipto, de la casa de servidumbre! Ya no tenemos por qué seguir actuando con engaño, pues Dios nos ha prometido hacernos honestos comenzando en lo profundo de nuestros corazones. ¡Cuán preciosa es esta bendición!

"El remanente de Israel no hará injusticia ni dirá mentira, ni en boca de ellos se hallará lengua engañosa" (Sofonías 3:13). Este maravilloso logro enojará mucho al diablo, porque él cree que es imposible que un ser humano llegue a ser verdaderamente honesto. ¡Pero no creamos nosotros lo que el enemigo afirma!

El libro del Apocalipsis describe un pueblo cuyos integrantes habrán permitido, en los últimos días, que el Espíritu Santo los sostenga, les enseñe y los prepare para tener un carácter semejante al de Cristo: "Después miré —dice Juan— y he aquí el Cordero estaba en pie sobre el monte Sion [un símbolo de la iglesia], y con él ciento cuarenta y cuatro mil que tenían el nombre de él y el de su Padre escrito en la frente... Estos son los que siguen al Cordero por dondequiera que va... Y en sus bocas no fue hallada mentira, pues son sin mancha" (Apocalipsis 14:1-5).

Aquí se presenta un grupo de gente, que como grupo es muy distinto de todos los demás seres humanos de la historia; por eso "cantaban un cántico nuevo delante del trono". Un canto nuevo refleja una nueva experiencia; ésta, a su vez, demuestra que han escuchado y recibido un mensaje nuevo, una proclamación fresca del "Evangelio eterno", la cual ha logrado este resultado maravilloso. Sí, el Evangelio de Cristo "es poder de Dios para salvación" (Romanos 1:16). ¡Y este grupo recibe, por lo visto, una proclamación más clara de ese Evangelio!

Ahora bien, debemos notar que este grupo está compuesto de individuos cuya naturaleza es pecadora, tal como la nuestra. Pero han permitido que Jesús los salve de pecar. No tienen mayores ventajas ni educación que cualquier otro. Simplemente, han visto algo, y lo han comprendido. San Pablo hizo una oración que nos abarca a todos. Dice así: "Por esta causa doblo mis rodillas ante el Padre de nuestro Señor Jesucristo... que habite Cristo por la fe en vuestros corazones a fin de que, arraigados y cimentados en amor [*ágape* es la palabra griega], seáis plenamente capaces de comprender con todos los santos cuál sea la anchura, la longitud, la profundidad y la altura, y de conocer el amor de Cristo, que excede a todo conocimiento, para que seáis llenos de toda la plenitud de Dios" (Efesios 3:14-19). ¡Esto significa estar listos para la gloriosa segunda venida de Jesús!

Hoy hay tres ángeles que recorren todo el mundo, proclamando este preciosísimo mensaje. Pronto un cuarto ángel se les unirá, y en el cielo resonará una Voz que de algún modo alcanzará a cada ser humano, la cual dirá: "¡Salid de [Babilonia], pueblo mío, para que no seáis partícipes de sus pecados, ni recibáis parte de sus plagas!" (Apocalipsis 18:4).

Amigo lector, ¡esa voz te habla hoy a través de este mensaje! ¡Te expresa las buenas nuevas de que Cristo te ha salvado de quebrantar el noveno mandamiento! Puedes ser una nueva persona; no necesitas quedarte en el viejo y oscuro "Egipto" espiritual, porque Dios te ha dado la libertad. ¡Las puertas de la prisión están abiertas! ¡Sal, pues, a la luz!

Capítulo 10

LA PROMESA QUE NOS HACE REALMENTE RICOS

No codiciarás la casa de tu prójimo, no codiciarás la mujer de tu prójimo, ni su siervo, ni su criada, ni su buey, ni su asno, ni cosa alguna de tu prójimo. Éxodo 20:17.

La mayor parte de la gente considera que los Diez Mandamientos de Dios son una serie de duros preceptos imposibles de cumplir, porque se olvidan del preámbulo, que dice: "Yo soy Jehová tu Dios, que te saqué de la tierra de Egipto, de casa de servidumbre" (Éxodo 20:2). La casa de servidumbre es nuestra condición natural, en la que amamos lo malo y odiamos lo bueno. Pero en esta introducción al Decálogo, Dios nos anuncia que ya *nos ha librado* de esa *servidumbre*.

De los Diez Mandamientos, el último es el más fuerte,

puesto que enfoca el nivel más sensible de nuestra conciencia. Dice: *"No codiciarás..."* (Éxodo 20:17) nada que pertenezca a otro.

La idea resume todos los otros nueve mandamientos, pero revela la raíz del problema: el deseo que arde en lo profundo del corazón, mucho antes que se haga o se diga algo que lo exprese. La codicia es la semilla de la acción. El codicioso es un ladrón encapsulado; el ladrón es un codicioso fuera de la cápsula.

Por ejemplo, al decir "No codiciarás la mujer de tu prójimo", con igual propiedad podría decir, "el esposo de tu prójima", pues se refiere al deseo que se halla arraigado en lo profundo del corazón, donde nadie más puede verlo, ni imaginarse que allí está. Jesús demostró su comprensión del alcance del décimo mandamiento cuando definió lo que es el verdadero adulterio o fornicación: "Oísteis que fue dicho: 'No cometerás adulterio'. Pero yo os digo, el que mira a una mujer para codiciarla, ya adulteró con ella en su corazón" (S. Mateo 5:27, 28).

¡Eso sí que duele! Ninguna palabra ha sido pronunciada, ningún acto se ha consumado. Todo se ha mantenido en profundo secreto. La mujer codiciada (o el hombre) no tiene la menor idea de qué hay en el corazón del ofensor. Sin embargo, según lo dicho por Jesús, ¡el pecado ya se ha consumado!

Muchos, llenos de justicia propia, se imaginan que son rectos hacedores de la ley de Dios, porque —según ellos— su conducta es correcta. Se jactan de su "justicia". Pero este décimo mandamiento los despierta para que vean la verdad acerca de sí mismos. Nunca se habían imaginado que dentro de ellos hay un cáncer que está carcomiendo sus corazones.

Saulo de Tarso era uno de estos individuos, antes de convertirse en Pablo el apóstol. Él mismo se describe diciendo que era "en cuanto a la justicia que es en la ley, irreprensible" (Filipenses 3:6). No sólo se consideraba sin defecto, sino que además se sentía orgulloso de su perfección "en cuanto a la justicia que es en la ley". Pero un día descubrió este mandamiento. Desde luego, siempre había estado allí, pero él no lo había visto. ¡El hacha no estaba cortando una que otra rama del árbol! ¡Estaba desenterrando la raíz misma! Por eso dijo: "Yo no conocí el pecado sino por la ley. Porque tampoco conociera la codicia, si la ley no dijera: No codiciarás" (Romanos 7:7).

El resultado de su descubrimiento fue caer de rodillas y confesar que era un pecador necesitado de la gracia de Dios. Volvió a leer los salmos penitenciales de David, de su adulterio con Betsabé y su complicidad en el asesinato de Urías heteo, el esposo de Betsabé. En el corazón del apóstol brotó una plegaria: "¡Oh Dios!, yo pensaba ser bueno, y mi corazón se endureció y se llenó de orgullo al ver la aparente 'justicia' de mi conducta. Ahora veo que el pecado de David es mi pecado; no soy mejor que él. ¡Perdóname, y limpia mi corazón!"

El descubrimiento que hizo el apóstol es lo que todos debiéramos también descubrir. Pasamos por la vida conformes con ser lo que somos, sintiendo que en lo espiritual somos ricos, y no necesitamos nada. No escuchamos la represión de Cristo, que nos dice: "No sabes que tú eres un desventurado, miserable, pobre, ciego y desnudo" (Apocalipsis 3:17).

Sin duda Pablo repitió con lágrimas esta oración de David: "Purifícame con hisopo, y seré limpio; lávame, y seré más blanco que la nieve. Hazme oír gozo y alegría... esconde tu rostro de mis pecados, y borra todas mis maldades. Crea en mí, Oh Dios, un corazón limpio, y renueva un espíritu recto dentro de mí. No me eches de delante de ti, y no quites de mí tu Santo Espíritu. Vuélveme el gozo de tu salvación" (Salmo 51:7-12). Una oración como ésta nunca queda sin respuesta.

El descubrimiento de la verdad es una preciosa experiencia. No es algo que hay que evitar, sino algo que debemos recibir con los brazos abiertos. La vida eterna comienza cuando comprendemos la verdad y la confesamos. Laicos, pastores, sacerdotes u obispos, todos estamos en la misma situación. Todos necesitamos a Jesús, "porque él salvará a su pueblo de sus pecados... y llamarás su nombre Emanuel, que traducido es: Dios con nosotros" (S. Mateo 1:21-23).

El décimo mandamiento nos predica el Evangelio, si lo entendemos como una promesa bajo el nuevo pacto. No nos hace ningún bien prometer que guardaremos los mandamientos de Dios, puesto que nuestras promesas son como cuerdas de arena. Lo que sí es importante, es creer las promesas que Dios nos hace a nosotros: "No codiciarás". Yo limpiaré de tu corazón la concupiscencia y el egoísmo; purificaré tu mente; te libraré de la esclavitud al pensamiento adúltero y codicioso; no evitaré que la tentación llegue hasta ti, pero te daré mi gracia, la cual enseña a renunciar "a la impiedad y a los deseos mundanos", y a vivir en este siglo "sobria, justa y piadosamente" (Tito 2:11, 12).

Entre las numerosas cartas que llegan a nuestras manos, recibimos no hace mucho ésta, de un joven oyente. Dice sentirse inquieto, preocupado: "Mi problema, día y noche —confiesa este joven— es que no puedo dejar de pensar en las mujeres. Están siempre visibles en mi mente. Cuando veo una, no puedo abstenerme de mirarla. El problema alcanza hasta lo más profundo de mi ser. ¿Qué puedo hacer? Sé que Cristo dice que la raíz está en mi corazón, ¡y yo sé que es cierto! ¡Ayúdenme!"

Hay muchos esclavos de la pornografía que odian su condición. Su situación es parecida a cierta antigua costumbre que se practicaba en el Imperio Romano, de encadenar a un asesino al cuerpo de su víctima. Pablo clama: "¿Quién me librará de este cuerpo de muerte?... con la carne [sirvo] a la ley del pecado" (Romanos 7:24, 25). Llevamos la contaminación encadenada a nosotros.

Pero hay buenas nuevas, sólidas y gloriosas. El apóstol admite que no sirve de nada que alguien nos recite la ley. "El mismo mandamiento, que era para vida, a mí me resultó para muerte. Porque el pecado, tomando ocasión por el mandamiento, me engañó, y por él me mató" (Romanos 7:10, 11). Podemos predicar el fuego y el azufre del infierno, pero eso no cambia el corazón. El temor no provee una motivación viable.

Pablo, en cambio, describe algo que sí da resultados: "Porque la ley del Espíritu de vida en Cristo Jesús me ha librado de la ley del pecado y de la muerte. Porque lo que era imposible a la ley, por cuanto era débil por la carne; Dios, enviando a su Hijo en semejanza de carne de pecado, y a causa del pecado, condenó al pecado en la carne; para que la justicia de la ley se cumpliese en nosotros, que no andamos conforme a la carne, sino conforme al Espíritu" (Romanos 8:2-4).

Analicemos lo que dice el apóstol, porque en ello hay preciosas verdades encerradas:

En primer lugar, el décimo mandamiento no puede salvar (ninguno de ellos puede hacerlo).

En segundo lugar, Dios lo sabía y por eso envió a su Hijo, a resolver el problema del pecado que radica en lo profundo de nuestro mundo interior; para eso, el Hijo se hizo hombre de carne y hueso, y en ese estado afrontó y venció todas las tentaciones que nosotros tenemos, incluyendo la del joven que nos escribió la carta mencionada.

Tercero, todo este poderoso logro que Jesús realizó en nuestra carne, tuvo el propósito de hacer que la bendita justicia de la ley se cumpliera en nosotros. El pecado ha sido vencido para siempre; ahora esa terrible raíz de codicia puede ser arrancada de nuestro corazón. Todas nuestras lágrimas y oraciones en procura de "un corazón limpio" recibirán respuesta.

En cuarto lugar, ¿qué clase de vida nueva viviremos de ahora en adelante? Ya no andaremos "según la carne, sino según el Espíritu". Es muy sencillo: caminamos, dejando que el Espíritu Santo nos lleve de la mano. Paso a paso, momento a momento, nos va enseñando a decir "No", a cada tentación.

Apreciado lector, aquí debemos notar que la tentación no es pecado. El pecado surge sólo cuando le decimos "Sí" a la tentación. Un millar de tentaciones no equivalen a un solo pecado. No debemos esperar que Dios haga lo que ya ha dicho que nunca iba a hacer. El nunca forzará nuestra mente a decidir conforme a su voluntad, puesto que nos ha concedido la facultad de elección. Y no está dispuesto a atropellar su propio don. Pero cuando Cristo se entregó por nosotros en la cruz, obtuvo algo precioso para regalarnos a cada uno: *el poder de escoger, como él lo haría.* Nosotros somos los que escogemos el cielo o el infierno.

En vista de lo dicho, al joven que escribió la carta le

LA PROMESA QUE NOS HACE REALMENTE RICOS • 109

decimos: No ores pidiendo que Dios te vuelva piedra o árbol, de modo que no puedas ser tentado. ¡Dios no quiere llenar su reino de estatuas, sino de seres vivientes! Su gracia nos enseñará, tal como algún maestro de escuela nos enseñó el abecedario. Así aprenderemos de él a decir "No" a cada tentación. No confundas el orden de los factores: aun antes de que comiences a orar, el Espíritu Santo ya te está "enseñando" a decir "No". No necesitas pedírselo. Haz, pues, la elección de escucharle, y de decirle "¡No!" a Satanás. Entonces viene el siguiente paso: agradecerle a Dios por la victoria que ha prometido darte "en Cristo", y seguir diciéndole "¡No!" a la tentación.

Un punto más que debe llenarnos de confianza: Satanás es un enemigo vencido; no puede obligarnos a caer. Puede luchar con nosotros y esforzarse por desanimarnos. Pero recordemos la batalla que Jesús sostuvo con él; recordemos la cruz, sobre la cual el Salvador eligió morir antes que ceder ante el poder de Satanás. Nos estamos refiriendo aquí al aspecto básico, fundamental de la salvación, a la diferencia entre el cielo y la tierra, entre la vida eterna y la condenación eterna.

Hay millares de cosas que nos sentiremos tentados a "codiciar", porque no las tenemos, y pertenecen a nuestro "prójimo". Casas, vehículos, ropa, trabajo, posesiones… en fin, los periódicos, las revistas y la televisión están repletos de avisos que procuran despertar algún deseo codicioso en nuestros corazones. Caemos en una esclavitud sin fin, siempre infelices, siempre deseando algo más, siempre buscando, jamás satisfechos.

Se dice que Hernán Cortés le mandó el siguiente mensaje a Moctezuma, el emperador azteca: "Mándanos oro; nosotros los españoles sufrimos de una enfermedad que sólo se cura con oro". Pero, amigos míos, la verdadera felicidad radica en "la piedad acompañada de contentamiento. Porque nada hemos traído a este mundo, y sin duda nada podremos sacar. Así que, teniendo sustento y abrigo, estemos contentos" (1 Timoteo 6:6-8). ¡Bendita conformidad! Jesús fue el hombre más conforme que haya existido. Como carpintero, construía casas para otros; sin embargo, nunca construyó una para sí mismo. Dijo: "Las zorras tienen guaridas, y las aves del cielo nidos; mas el Hijo del Hombre no tiene dónde recostar su cabeza" (S. Mateo 8:20). Nos salva para que "nuestros corazones no se carguen de glotonería y embriaguez y de los afanes de esta vida, y venga de repente sobre nosotros aquel día (S. Lucas 21:34).

Amigo lector, el décimo mandamiento nos dice que ciertamente hemos pecado, y que en verdad nuestra naturaleza misma es pecaminosa. Pero también nos da las buenas nuevas según las cuales tenemos un Salvador que "puede salvar perpetuamente a los que por él se acercan a Dios" (Hebreos 7:25). Quienquiera que seas, dondequiera que estés, entona un cántico de adoración al Cordero de Dios. Agradécele, aunque te parezca que lo estás haciendo de antemano. La verdad es muy diferente: no es éste un agradecimiento anticipado, ¡más bien es la respuesta a su acto sublime de haber derramado su sangre en la cruz, en rescate por nosotros, hace mucho tiempo! Te ha llevado mucho tiempo comprenderlo y apreciarlo, pero gracias a Dios, ¡ya has comenzado! Para ti, la vida eterna ya ha amanecido.

Capítulo 11

EL PODER
DEL PERDÓN

$\mathcal{S}$u joroba pronunciada y lo desesperadamente lento de sus movimientos le daban la apariencia de ser un hombre muy anciano. Una dama noble y solícita, con santa paciencia le servía de muleta mientras que éste, a paso de tortuga, se me acercaba. Era la noche de apertura de unas conferencias que dictábamos en la ciudad de Los Angeles, California.

Ya de cerca pude notar, para mi gran sorpresa, que se trataba de una persona insospechadamente joven. Su aspecto era espantoso; su piel seca y descolorida, estaba salpicada de costras y crecidos extraños que cubrían casi todo su horripilante cuerpo.

Sin mucho preámbulo, la dama lo plantó a mi lado y me dijo con tono suplicante y algo exigente: "Doctor Frank, dígale algo, dígale algo, por favor". Entretanto, el caballero de aspecto calamitoso, sin decir una palabra, me miraba con ojos de lástima, que partían el alma.

¿Qué decirle a una persona en esas condiciones? ¿Qué podrían lograr mis palabras? Mi silencio hacía incómoda la situación y la dama se iba impacientando. En mi mente dirigí una oración al cielo. "Señor, mis palabras no tienen poder alguno, pero si tú le hablas, si tú te diriges a él, tus palabras son espíritu y son vida. Dime qué decirle. ¡Háblale tú, Señor!"

Ahora era yo el que esperaba que se me dijera algo. Bajo la tensión suplicante, los segundos parecían horas. De repente llegó la respuesta. No vino como audible voz celestial, sino a manera de rayo luminoso mi mente quedó elucidada con las precisas palabras que debía pronunciar. Se trata de una conocida declaración de Cristo, registrada para beneficio de todos en la Santa Biblia. "Mas buscad primeramente el reino de Dios y su justicia, y todas estas cosas os serán añadidas" (S. Mateo 6:33).

Era como si en ese momento la Biblia se redujera a ese singular verso. Fulgía en mi mente con una claridad y fuerza inconfundibles. Tan pronto lo comuniqué, pude notar la decepción que se retrataba en el rostro de la dama. No era lo que ella quería escuchar. Supongo que a sus oídos estas palabras, pese a su respaldo bíblico, parecían un cliché teológico inoperante; algo para salir del paso. No se imaginaba ella el insospechado poder que hay en "buscar primeramente el reino de Dios y su justicia"; desconocía el poder del perdón.

Algo similar tiene que haber ocurrido cuando le trajeron un paralítico a Jesús (como fue abrir un hueco en el techo de la casa de Pedro para hacerse paso ante el gentío). El Señor le dijo: "Ten ánimo, hijo, tus pecados te son perdonados" (S. Mateo 9:2).

¿Piensa usted que el paralítico procuró a Jesús para recibir absolución por sus pecados? Era la cura de su parálisis lo que más anhelaba. De hecho, el perdón dado por Jesús no fue bien recibido por ninguno de los ahí congregados.

Los escribas, los fariseos, y los líderes religiosos de Israel no creían que Jesús tenía la potestad de perdonar pecados. Jesús, sin embargo, escogió muy bien sus palabras, pues deseaba demostrar el poder del perdón. Y para sustentarlo, se valió de un milagro.

Dejemos que el evangelista nos narre lo acontecido: "Entonces, algunos de los escribas decían dentro de sí: Este blasfema. Y conociendo Jesús los pensamientos de ellos, dijo: ¿Por qué pensáis mal en vuestros corazones? Porque, ¿qué es más fácil, decir: Los pecados te son perdonados, o decir: Levántate y anda? Pues para que sepáis que el Hijo del Hombre tiene potestad en la tierra para perdonar pecados (dice entonces al paralítico): Levántate, toma tu cama, y vete a tu casa. Entonces él se levantó y se fue a su casa" (S. Mateo 9:2-8).

El poder demostrado en la curación de ese hombre es el poder concedido en el perdón del pecado. El efecto de las palabras de Jesús continuó aún después de ser declaradas; hicieron un cambio en ese hombre, y el cambio fue permanente. Así debe ser, así puede ser, el perdón de los pecados, cuando buscamos el reino de Dios y su justicia.

El poder concentrado en las palabras de Jesús lo levantó y lo hizo andar. Hay vida en las palabras de Dios. Jesús dijo: "Las palabras que yo os he hablado son espíritu y son vida" (S. Juan 6:63).

La palabra de perdón y de justicia recibida por la fe trae el espíritu y la vida de Dios al alma, "la palabra de

Dios... la cual actúa en vosotros los creyentes"
(1 Tesalonicenses 2:13), dice el apóstol San Pablo en su
primera epístola a los tesalonicenses.

En el caso que hemos mencionado, el paralítico
recibió nueva vida. Su condición física era el desgaste
de su vida natural. Estaba parcialmente muerto. Las
palabras de Cristo le dieron vida nueva y fresca.

Pero la vida nueva que su cuerpo recibió y que lo
capacitó para caminar, fue una demostración, tanto para
él como para los testigos oculares, de la dinámica de la
vida invisible y espiritual de Dios que había recibido,
cuando Jesús declaró, "tus pecados te son perdonados".

También con el caballero a quien el Señor me indicó
que le compartiera el versículo bíblico "buscad
primeramente el reino de Dios y su justicia y las demás
cosas os serán añadidas", sucedió algo maravilloso. Este
hombre tomó muy en serio las palabras de Jesús. No
faltó una sola noche de las conferencias. Escuchó las
buenas nuevas de salvación en Cristo, poniendo en
práctica los principios de ese reino de Dios. ¿Le serían
añadidas las demás cosas?

En la penúltima noche de las conferencias, el joven
llegó irreconocible: derecho como una flecha, ya no
andaba con esa lentitud morbosa; ahora corría como
lince. "Doctor Frank, tengo que dar mi testimonio;
déjeme dar mi testimonio; tienen que saber lo que Dios
ha hecho por mí".

No hacía falta, en verdad, pues el público había
observado su condición y ahora todos dábamos gloria a
Dios por su gran bondad. Pero él quería expresar su
felicidad y, siendo un hombre de pocas palabras, se valió
de una ilustración muy dramática. "Quiero que vean"
—dijo—, y sacándose su camisa dejó a la vista una piel

completamente sana, limpia, el cuadro mismo de la salud. Entonces añadió: "¿No es Dios maravilloso?" "¿No es Dios maravilloso?"

Sí, ¡Dios es maravilloso! Ese mismo Jesús nos dice a todos: "Ya vosotros estáis limpios por la palabra que os he hablado" (S. Juan 15:3). Cuando recibimos la palabra declarada de Jesús que nos dice: "Tus pecados te son perdonados" es una realidad que tenemos que creer, porque esta declaración es palabra de Dios. Al aceptarla somos nuevos hombres y mujeres, porque una nueva vida ha comenzado a obrar en nosotros.

Existe una idea errónea sobre el perdón. Se cree que cuando Dios perdona, el cambio que se efectúa es en Dios mismo y no en la persona que recibe el perdón. Es decir, se piensa que Dios sencillamente cesa de guardar algo contra el que cometió pecado. En otras palabras, que Dios cambia de actitud hacia el pecador; pero eso es suponer que Dios es duro y que él guarda rencor, ira, enemistad contra el hombre.

Recordemos que Dios se reconcilió con el hombre en Cristo, cuando aún éramos pecadores, cuando éramos enemigos de la cruz, cuando estábamos muertos en nuestros delitos y pecados. En esas circunstancias fuimos comprados. En esas condiciones fue que Jesús murió por los impíos.

Dios quiere que vayamos a él para pedir su perdón, no porque él guarde rencor o venganza. ¡No! No es porque Dios tiene o guarda un sentimiento de enojo en su corazón, sino más bien, porque el pecador tiene algo en *su* corazón. Dios está bien, es el hombre el que anda mal; Dios desea perdonar al hombre para que el hombre también esté bien.

El cambio que hace falta es el que debe efectuarse en

el hombre, no en Dios. Cuando Jesús, ilustrando el perdón de los pecados, le dijo al paralítico: "Levántate, toma tu lecho y anda...", el hombre se levantó y anduvo.

El perdón de Dios es más que asentar una declaración de absolución en los libros jurídicos celestiales. Es más que *borrón y cuenta nueva*; el perdón genuino, el perdón de Dios en Jesús es *borrón y persona nueva*.

Recibir el perdón es recibir la misma vida de Jesús. Eso es lo que enseña la Palabra de Dios. El apóstol San Pablo nos ayuda a entender este principio, cuando dice: "En quien tenemos redención por su sangre, el perdón de pecados" (Colosenses 1:14). Notemos dos cosas: en primer lugar se nos asegura que tenemos redención por la sangre de Cristo, y en segundo, que esta redención es el perdón de los pecados.

Ahora bien, la Biblia enseña que la sangre es la vida, es decir, la vida está en la sangre, "porque la vida de toda carne es su sangre", registra Levítico 17:14. Por ende, el texto de Colosenses 1:14 mencionado anteriormente está diciendo que la redención yace en la vida de Jesús.

Pero, ¿no dice la Escritura que somos reconciliados con Dios por la muerte de su Hijo? Sí, y eso es precisamente lo que el apóstol está queriendo señalar aquí. Jesús, al darse a sí mismo, da su vida misma; al derramar su sangre, él derrama su vida y al entregarla nos la imparte a nosotros.

Cuando Dios declara el perdón, quita el pecado y pone algo en su lugar. Al desaparecer el pecado, Dios trae su propia vida justa para sustituir lo que quita. Es el comienzo de la vida cristiana. Es recibir la vida de Dios por la fe.

El secreto de la vida cristiana exitosa es sencillamente

no soltar esa vida de Dios, una vez recibida.

Sí, hay poder en el perdón que Cristo da. Ese Jesús hoy te dice a ti lo mismo que dijo a sus discípulos hace dos mil años: "Ya vosotros estáis limpios por la palabra que os he hablado". Créelo. Recibe esa poderosa palabra, esa sangre de Jesús: la morada de Cristo en tu corazón a través del Espíritu Santo. Bien lo expresa el himno cristiano que dice:

¿Qué me puede dar perdón? Sólo de Jesús la sangre.
¿Y un nuevo corazón? Sólo de Jesús la sangre.
Precioso es el raudal que limpia todo mal.
No hay otro manantial, sino de Jesús la sangre.

Amigo lector, recibe hoy ese perdón, ese *poder divino* que te hace una *persona nueva* en Cristo Jesús.

Ese Jesús está tocando hoy a la puerta de tu corazón. ¿Le abrirás? Si le abres entrará y te dará el ilimitado poder de su vida infinita. Recíbelo hoy mismo.

APÉNDICE

Este libro nos ha revelado el resultado de vivir en Cristo al recibir su salvación. Sólo cuando Jesús de Nazaret es aceptado como el divino Redentor que nos salva de la esclavitud del pecado, puede el alma gozarse en las promesas contenidas en los Diez Mandamientos. Nuestra reacción ante su llamado y nuestra actitud ante estas promesas determinarán nuestro destino final. A continuación le ofrecemos una lista resumida de doctrinas que amplían el contenido de esas promesas y revelan la calidad de vida a que el cristiano puede aspirar. Para más información escriba a nuestra dirección editorial, o visite la Iglesia Adventista más cercana.

16 VERDADES VITALES PARA LA FELICIDAD Y LA SALVACIÓN

1. La inspiración de las Sagradas Escrituras, es fundamento de nuestra seguridad en materia religiosa, y convierte ese maravilloso libro en la norma suprema de nuestra fe y la pauta de nuestra vida. Ella es completa en sí misma, y no necesita ningún agregado, porque cuando San Pablo dice que "toda Escritura es inspirada por Dios", agrega también que es "útil para enseñar, para redargüir, para corregir, para instruir en justicia, a fin de que el hombre de Dios sea perfecto, enteramente preparado para toda buena obra" (2 Timoteo 3:16-17). El obedecer sus preceptos e identificarnos con ella, nos permitirá colocarnos a cubierto de todos los peligros y rechazar con éxito todos los ataques del enemigo, como lo hizo nuestro Señor cuando respondía a toda tentación con un "Escrito está" (S. Mateo 4).

2. Las tres Personas que componen la Divinidad son el Padre, el Hijo y el Espíritu Santo. Cada una de ellas es divina, y es una persona en sí, pero las tres constituyen una unidad perfecta que no encuentra símil alguno en la Tierra, de manera que piensan, planean y actúan en absoluta y perfecta consonancia (S. Mateo 28:19; S. Juan 17:21-22; 16:7, 13-14). El misterio de su cabal unidad, armonía e interdependencia, dentro de su individualidad como personas, nunca será abarcado en esta tierra por la mente finita del hombre, como un vaso no puede contener la mar.

3. Dios es el creador de todo cuanto existe (Génesis 1). He aquí algunas de sus notables características:

Tiene vida en sí, porque es el autor de la vida. S. Juan 5:26

Es un Dios personal, y a la vez omnipresente. Salmo 139:7-12. Es Todopoderoso. S. Mateo 19:26

Aunque está en todas partes, el Creador está por encima y es diferente de la criatura, por ello la Biblia rechaza el error panteísta de hacer de los seres y las cosas parte de Dios. Romanos 1:21-23.

Dios es amor, y por esto dio por el hombre lo mejor que tenía, a su propio Hijo Jesucristo. 1 S. Juan 4:8-9; S. Juan 3:16.

Es justo, y a la vez lleno de misericordia y bondad. Salmo 129:4; Nehemías 9:31.

4. Jesucristo es el Hijo de Dios, el personaje central de las Escrituras, y la única y gran esperanza del hombre.

Es tan divino y eterno como Dios mismo. 1 S. Juan 5:20; S. Juan 1:1-3.

Tiene vida en sí mismo como el Padre. S. Juan 10:28; 5:26

Es el creador de todo cuanto existe, junto con el Padre. Hebreos 1:2; S. Juan 1:1-3.

Se hizo hombre, y vivió sometido a todas las pruebas y tentaciones de la humanidad. Filipenses 2:6-7; Hebreos 2:14, 16-18.

Pese a ello, mantuvo un carácter perfecto: nunca pecó. Hebreos 4:15. Ofreció voluntariamente su vida por la salvación de los hombres. Isaías 53; 1 S. Pedro 2:24.

Por su vida perfecta y su sacrificio expiatorio llegó a ser nuestro único Salvador. S. Juan 3:16; Hechos 4:12.

Es por ello nuestro Pontífice. Hebreos 8:1-6.

Es nuestro único intercesor ante Dios, nuestro único abogado ante el Padre. 1 Timoteo 2:5; 1 S. Juan 2:1.

5. El Espíritu Santo es la tercera Persona de la Divinidad.

Es enviado por Dios como representante del Padre y del Hijo. S. Juan 16:7; 14:26.

Gracias a su mediación, Dios puede morar en el corazón humano entrando en una relación personal con el hombre. Salmo 51:11; Romanos 8:9; 1 Corintios 2:11-12.

Es quien convence al hombre de que ha pecado. S. Juan 16:8.

Es quien opera el nuevo nacimento. S. Juan 3:5-8; Tito 3:5.

Nos guía a toda verdad; es el único Maestro infalible. S. Juan 16:13; S. Mateo 10:19-20; S. Juan 14:26.

6. El hombre, creado por Dios, cayó en el pecado y fue redimido por Cristo.

El hombre fue creado a la imagen divina. Génesis 1:26-27.

Dios se proponía que viviera feliz en el Edén. Génesis 2:8-10.

Mediante la institución del hogar, debía fructificar y multiplicarse para llenar la tierra de seres dichosos. Génesis 1:27-28 2:24.

Pero el pecado atrajo sobre los hombres la debilidad moral y la muerte. Romanos 3:23; 5:12; 6:23.

Aunque el hombre es impotente, Cristo le ofrece el triunfo sobre el mal. Jeremías 13:23; Romanos 7:24-25; 1 Corintios 15:27.

El sacrificio vicario de Cristo salva del pecado y otorga poder para vivir una vida nueva. 1 S. Pedro 2:24.

7. La justificación del hombre se produce por la fe en Cristo. Efesios 2:8-9; Romanos 3:28. Las obras que se hacen con el fin deliberado de ganar la salvación no tienen poder ni mérito alguno.

8. La conversión y la santificación siguen a la justificación. La justificación, que entraña el derecho a la salvación, se logra por la fe. Pero el hombre necesita luego una preparación para el cielo. Ésta comienza con el nuevo nacimiento (S. Juan 3:1-8), que determina un cambio en la conducta y actuación del hombre (Efesios 4:22-32). Luego se va operando un perfeccionamiento del carácter o santificación. 1 Tesalonicenses 4:3.

9. La oración es el medio para comunicarse con Dios.

Ésta constituye el diálogo directo con la Divinidad, ante quien el cristiano puede abrir su corazón y expresarle en forma espontánea sus necesidades y aspiraciones. S. Mateo 6:6-13; 7:7-12; Santiago 5:16.

10. La ley de Dios, o Decálogo, es norma eterna de justicia.

Abarca los supremos principios de conducta y la suma del deber humano. Eclesiastés 12:13.

Es eterna e inmutable, porque es el reflejo del carácter de Dios. S. Mateo 5:17-19.

Es santa, justa y buena. Romanos 7:12.

Será el código en base al cual se hará el juicio. Santiago 2:10-12.

Señala el pecado y conduce a Jesús. Romanos 7:7; Santiago 1:22-25; Gálatas 3:24.

11. La observancia del verdadero día de reposo está claramente enseñada por un mandamiento de las Escrituras: "Acordarte has del día de reposo, para santificarlo: seis días trabajarás, y harás toda tu obra; mas el séptimo día será reposo para Jehová tu Dios; no hagas en él obra alguna, tú, ni tu hijo, ni tu hija, ni tu siervo, ni tu criada, ni tu bestia, ni tu extranjero que está dentro de tus puertas; porque en seis días hizo Jehová los cielos y la tierra, la mar y todas las cosas que en ellos hay, y reposó en el séptimo día; por tanto Jehová bendijo el día de reposo y lo santificó" (Éxodo 20:8-11).

El sábado es el monumento recordativo de la creación de Dios. Éxodo 20:11.

Durante los 40 años de peregrinación del pueblo hebreo por el desierto, Dios realizaba un doble milagro para hacer posible la fiel observancia del sábado. Éxodo 16.

El ejemplo de Cristo en la observancia del sábado lo confirma como día sagrado. S. Juan 15:10; S. Lucas 4:16-21.

Fue observado por los santos apóstoles. Hechos 17:2; 18:1-4.

En todas las épocas hubo cristianos fieles que lo observaron, aunque fueran minoría, sin sumarse a la apostasía general.

En 1863 se formó una iglesia que resucitó esta perdida institución bíblica —la observancia del sábado como verdadero día de reposo—, que llegó a llamarse Iglesia Adventista del Séptimo Día.

La fidelidad a los mandamientos de Dios —inclusive el cuarto— será la característica del verdadero pueblo de Dios del último tiempo. Apocalipsis 14:12.

De allí la promesa que Dios hace de darles parte en su eterno reino a los que no pisoteen el sábado, sino lo respeten y observen. Isaías 58:13-14.

12. Dios establece el deber religioso de cuidar la salud. Todo lo que favorece la salud se conforma al plan de Dios. 3 S. Juan 2.

Según la Biblia, el cuerpo es el templo de Dios. 1 Corintios 3:16-17; 6:19-20.

Por lo tanto todo lo que perjudique la salud, mancilla ese templo e impide la presencia de Dios en él.

Por ello, la religión de la Biblia elimina de los hábitos del hijo de Dios el uso del alcohol, el tabaco, las drogas y todo alimento malsano, e impone a la vez la moderación en las cosas buenas.

Siendo que las leyes de la salud son tan sagradas como la ley moral de Dios, el llevar una vida higiénica, pura y exenta de vicios es parte integrante de la auténtica religión de Cristo.

13. La segunda venida de Jesús es inminente. Es ésta una de las enseñanzas que más veces se mencionan en las Escrituras.

Este suceso ha sido la esperanza milenaria de los patriarcas y profetas de la antigüedad. S. Judas 14; Job 19:23-26; Isaías 40:10; 25:8-9; Daniel 2:44.

Es la gran esperanza de los apóstoles. Tito 2:12-13; 2 S. Pedro 3:9-12; Apocalipsis 1:7.

El mismo Señor Jesucristo prometió volver. S. Juan 14:1-3.

Toda una multitud de profecías anuncian la inminencia de este suceso. S. Mateo 24; S. Lucas 21; Daniel 2:44; 7:13-14.

Ocurrirá en forma literal, visible y gloriosa. Hechos 1:10-11; S. Mateo 24:24-27; Apocalipsis 1:7.

Necesitamos una preparación espiritual para ese fausto acontecimiento. S. Lucas 21:34-36.

14. El estado inconsciente de los muertos y la imposibilidad de que se comuniquen con los vivos, constituye un elemento importante en el armonioso conjunto de verdades bíblicas.

En ocasión de la muerte los seres humanos entran en un estado de completa inconsciencia. Eclesiastés 9:5-6, 10; Job 14:10-14.

La resurrección de los justos se realiza en ocasión del regreso de Cristo. 1 Tesalonicenses 4:16-17.

La resurrección de los impíos ocurre mil años más

tarde, para que sean juzgados y destruidos para siempre. Apocalipsis 20:5; Malaquías 4:1.

Los que hayan muerto en Jesús resucitarán con cuerpos incorruptibles e inmortales cuando vuelva Cristo, y los hijos de Dios fieles que estén vivos serán transformados sin ver la muerte. 1 Corintios 15:51-55; 1 Tesalonicenses 4:15-17.

15. La Santa Cena o Eucaristía es un rito sagrado meramente conmemorativo. El pan y el vino son meros símbolos del cuerpo y la sangre de Cristo, y no sufren ninguna transformación pues Jesús fue sacrificado una sola vez. 1 S. Pedro 3:18; Hebreos 9:28.

16. El bautismo por inmersión representa el nuevo nacimiento. Este santo rito de la iglesia, portal de entrada del cristiano en la confraternidad de los hermanos, representa la sepultura del hombre viejo en la tumba líquida y la resurrección del hombre nuevo para andar en nueva vida. Romanos 6:3-6. Cristo fue bautizado por inmersión. S. Mateo 3:13-17. Y así se practicó siempre esta ceremonia en la era apostólica; y así debe continuar efectuándose para no desvirtuar su hermoso simbolismo

Pronto estará disponible

CAMINANDO CON ÁNGELES

Un recuento de incidentes verídicos
sobre la obra sorprendente de estos
"agentes secretos" de Dios.
Escrito por Frank González,
Lonnie Melashenko y Brian Jones.

Pida información a:
Publicaciones Interamericanas
Pacific Press Publishing Association
P.O. Box 5353
Nampa, ID 83653-5353
O llame gratis a 1-800-765-6955
O pídalo por Internet en: *adventistbookcenter.com*

*Si desea conocer más sobre cualquiera de estas
u otras doctrinas, lo invitamos a pedir un curso bíblico
por correspondencia, totalmente gratis, a la dirección
de esta editorial.*

Puede enviar su nombre y dirección a:

Curso bíblico:
Pacific Press Publishing Association
P.O. Box 5353
Nampa, Idaho, 83653